"十三五"国家重点出版物出版规划项目

国家出版基金项目
NATIONAL PUBLICATION FOUNDATION

外|交|与|国|际|战|略|卷

上海合作组织发展的路径与前景

DEVELOPMENT OF THE SHANGHAI COOPERATION ORGANIZATION: PATHS AND PROSPECTS

高 飞 著

中国财经出版传媒集团
经济科学出版社
Economic Science Press

图书在版编目（CIP）数据

上海合作组织发展的路径与前景/高飞著．—北京：
经济科学出版社，2020.1

（中国道路．外交与国际战略卷）

ISBN 978 - 7 - 5218 - 1213 - 8

Ⅰ.①上…　Ⅱ.①高…　Ⅲ.①上海合作组织 -
研究　Ⅳ.①D814.1

中国版本图书馆 CIP 数据核字（2020）第 021811 号

责任编辑：孙丽丽　胡蔚婷
责任校对：蒋子明
责任印制：李　鹏　范　艳

上海合作组织发展的路径与前景

高 飞 著

经济科学出版社出版、发行　新华书店经销

社址：北京市海淀区阜成路甲 28 号　邮编：100142

总编部电话：010 - 88191217　发行部电话：010 - 88191522

网址：www. esp. com. cn

电子邮箱：esp@ esp. com. cn

天猫网店：经济科学出版社旗舰店

网址：http://jjkxcbs. tmall. com

北京季蜂印刷有限公司印装

710 × 1000　16 开　13.5 印张　180000 字

2020 年 10 月第 1 版　2020 年 10 月第 1 次印刷

ISBN 978 - 7 - 5218 - 1213 - 8　定价：55.00 元

《中国道路》丛书审读委员会

总　序

中国道路就是中国特色社会主义道路。习近平总书记指出，中国特色社会主义这条道路来之不易，它是在改革开放三十多年的伟大实践中走出来的，是在中华人民共和国成立六十多年的持续探索中走出来的，是在对近代以来一百七十多年中华民族发展历程的深刻总结中走出来的，是在对中华民族五千多年悠久文明的传承中走出来的，具有深厚的历史渊源和广泛的现实基础。

道路决定命运。中国道路是发展中国、富强中国之路，是一条实现中华民族伟大复兴中国梦的人间正道、康庄大道。要增强中国道路自信、理论自信、制度自信、文化自信，确保中国特色社会主义道路沿着正确方向胜利前进。《中国道路》丛书，就是以此为主旨，对中国道路的实践、成就和经验，以及历史、现实与未来，分卷分册做出全景式展示。

丛书按主题分作十卷百册。十卷的主题分别为：经济建设、政治建设、文化建设、社会建设、生态文明建设、国防与军队建设、外交与国际战略、党的领导和建设、马克思主义中国化、世界对中国道路评价。每卷按分卷主题的具体内容分为若干册，各册对实践探索、改革历程、发展成效、经验总结、理论创新等方面问题做出阐释。在阐释中，以改革开放四十年伟大实践为主要内容，结合新中国成立近七十年的持续探索，对中华民族近代以来发展历程以及悠久文明传承的总结，既有强烈的时代感，又有深刻的历史感召力和面向未来的震撼力。

　　丛书整体策划，分卷作业。在写作风格上，注重历史和现实相贯通、国际和国内相关联、理论和实际相结合，对中国道路的重大理论和实践问题做出探索；注重对中国道路的实践经验、理论创新做出求实、求真的阐释；注重对中国道路做出富有特色的、令人信服的国际表达；注重对中国道路为发展中国家走向现代化的途径、为解决人类问题所贡献的中国智慧和中国方案的阐释。

　　在新中国成立特别是改革开放以来我国发展取得的重大成就基础上，近代以来久经磨难的中华民族实现了从站起来、富起来到强起来的历史性飞跃，焕发出强大生机活力，迈进中国特色社会主义道路发展的新时代。在新时代建设社会主义现代化强国的新的历史征程中，中国财经出版传媒集团经济科学出版社、中国特色社会主义经济建设协同创新中心精心策划、组织编写《中国道路》丛书有着更为显著的、重要的理论意义和现实意义。

　　《中国道路》丛书 2015 年策划启动，2017 年开始陆续推出。丛书 2016 年列入"十三五"国家重点出版物出版规划项目、主题出版规划项目，2017 年列入国家"90 种迎接党的十九大精品出版选题"，2018 年获国家出版基金资助。

《中国道路》丛书编委会

目 录

第一章

上海合作组织的发展历程

上海合作组织的诞生和发展是当代国际关系演化的结果。苏东巨变后，欧亚大陆地缘政治格局剧烈动荡，中亚短时间内出现了五个独立主权国家。为保证中苏边界谈判的延续性，中国、俄罗斯、哈萨克斯坦、吉尔吉斯斯坦、塔吉克斯坦建立了 1 + 4（中国 + 4 个独联体国家）谈判模式，随着边界问题的逐步解决，五个国家又成立了"上海五国"机制，在此基础上于 2001 年 6 月成立上海合作组织（以下简称"上合组织"）。自成立以来，上合组织在地区经贸合作、安全互信机制建设、人文交流等方面都取得了较快发展，呈现出民主、多元、互利、开放的特点，为推进地区合作积累了丰富而宝贵的经验。

一、上海合作组织的发展过程

（一）"上海五国"机制的诞生

"上海五国"机制的建立为巩固五国睦邻友好合作关系，加强五国和亚太地区安全，为在冷战后摈弃冷战思维，探索新型国家关系、新型安全观和新型区域合作模式提供了重要经验，而且也对世界的和平、稳定与发展产生了积极深远的影响。①

"上海五国"的源头可追溯到1986年开始的中苏边界谈判。1989年，中苏草签了《中苏东段边界协定》，决定将部署在中苏边境地区的军事力量裁减到与两国正常睦邻关系相适应的最低水平以维持边境地区安宁。1991年苏联解体，原苏联分裂为15个国家，中苏边界随即变成中俄、中哈、中吉和中塔边界。中俄边界长约4300公里，中哈边界约1700多公里，中吉边界约1000公里，中塔边界约450公里。为有效解决谈判事宜，俄哈吉塔四国商定共同与中国进行边界谈判，这就是"上海五国"机制的雏形。1996年4月26日，中、俄、哈、吉、塔五国元首在上海举行第一次会晤，中国与俄、哈、吉、塔签署了《关于在边境地区加强军事领域信任的协定》（以下简称《协定》），标志"上海五国机制"正式建立。《协定》指出：各方部署在边境地区的军事力量互不进攻；各方不进行针对对方的军事演习；限制军事演习的规模、范围和次数；通报边境100公里纵深地区的重大军事活动情况；相互邀请观察实兵演习；预防危险军事活动；加强各方边境地区军事力量和边防部队之间的友好交往等。② 该协定奠定了五国合作的基础，促进了中国同俄、哈、吉、塔四国边境地区的和平、稳定与安宁，是加强地区安全的一个创举。1997年4月24日，五国元首在俄罗斯莫斯科签署了《关于在边境地区相互裁减军事力量的协定》。中国与俄、哈、吉、塔双方将边境地区的军事力量裁减到与睦邻友好国家相适应的最低水平，这次会晤为建立旨在确保地区稳定的建设性多边关系做出了积极贡献。

1998年7月3日，五国领导人在哈萨克斯坦的阿拉木图举行

---

① Alexander Cooley, Sam Greene, The Rise of the SCO as a New Regional Organization: Western Perspectives, http://carnegie.ru/events/? fa=3225: 2015. （上网时间：2017年6月10日）。

② 李抒音：《上海合作组织军事合作综述》，引自吴恩远、孙宏伟主编：《上海合作组织发展报告：上海合作组织十周年专辑》，社会科学文献出版社2011年版，第32页。

了第三次会晤，着重讨论了促进地区和平与稳定、加强五国及地区经济合作问题。这次会晤的特点是由前两次以中国为一方，俄、哈、吉、塔为另一方的双边会晤转变为五国间的多边会晤，五国合作的侧重点也从军事领域扩大到政治、经济等领域。1999年8月24日，五国元首在吉尔吉斯斯坦首都比什凯克举行了第四次会晤，各国表示坚决反对民族分裂主义和宗教极端主义，并将共同打击国际恐怖主义、走私贩毒及其他跨国犯罪行为。五国领导人在会晤中强调了在平等互利原则基础上开展经贸合作的重要意义，表示将在继续发展五国合作的基础上积极寻求开展多边合作的途径。2000年五国元首在塔吉克斯坦首都杜尚别举行第五次会晤，决定发展五国全面合作，将"上海五国"由会晤机制变成地区全面合作机制。

2001年6月，在解决了传统安全问题后，中国、俄罗斯、塔吉克斯坦、吉尔吉斯斯坦和乌兹别克斯坦在上海宣布成立永久性政府间国际组织——上海合作组织。在互信、互利、平等、协商、尊重多样文明、谋求共同发展的"上海精神"指导下，中国以新安全观为基础，主张国家间互不使用武力或以武力相威胁，不谋求建立军事同盟和类似的政治安排；以"互惠""共赢"的新发展观为基础，主张成员国的共同发展与繁荣；以尊重文明多样性的新文明观为基础，主张不同文明之间相互借鉴、求同存异，共同推动上海合作组织的发展促进人类文明的繁荣进步。

（二）"上海精神"与上海合作组织的发展

"上海精神"的形成与冷战结束后中国对国际秩序的认知和提出的新安全观有关。1999年3月26日，中国国家主席江泽民在日内瓦裁军谈判会议上，首次全面阐述了中国的新安全观。他指出："以军事联盟为基础、以加强军备为手段的旧安全观，无助于保障国际安全，更不能营造世界的持久和平。这就要求国际社会必须建立适应时代需要的新安全观，并积极探索维护和平、安全的途径。我们认为，新安全观的核心，应该是互信、互利、平等、合作。"2001年，在纪念中国共产党成立八十周年的"七一"讲话中，江泽民主席再次强调了"新安全观"的思想，提出："国际社会应树立以互信、互利、平等、协作为核心的新安全观，努力营造长期稳定、安全可靠的国际和平环境"。

"上海精神"的具体内涵是：互信、互利、平等、协商、尊重多样文明，谋求共同发展。① 上海合作组织的成员国地理上横跨亚欧大陆，各国选择的政体不同，意识形态也不同。上海合作组织成员国经济发展虽然处于不同发展阶段，也面临着不同的发展背景，但是谋求共同的经济发展、寻求经济与社会的进步是各国面临的重要任务。② 只有共同发展才能应对世界经济力量的再平衡趋势，不至于沦落为世界经济产业链的"底端"，才能从根本上铲除"三股势力"形成的社会基础，使各国国内稳定，人民幸福，上海精神中的"互信""互利""谋求共同发展"，体现的正是共同发展的诉求。③ 上海合作组织的宗旨是：加强各成员国之间的相互信任与睦邻友好；鼓励成员国在政治、经贸、科技、文化、教育、能源、交通、旅游、环保及其他领域的有效合作；共同致力于维护和保障地区的和平、安全与稳定；推动建立民主、公正、合理的国际政治经济新秩序。

历经十多年发展，上合组织已成为促进成员国发展、维护地区乃至世界和平稳定的有效机制和建设性力量，呈现出勃勃生机。除防务安全领域外，各成员国还积极推动经济和人文合作，实现"多轮驱动"，进一步增强了组织凝聚力和可持续发展后劲。

---

① 刘古昌：《"上海精神"是新时期的普世价值》，载于《公共外交季刊》2011年秋季号，第1~5页。

② 刘华芹：《深化上海合作组织区域经济合作的构想》，载于《俄罗斯东欧中亚》2014年第1期，第31~37页。

③ Robert Sutter, "Durability in China's Strategy towards Central Asia – Reasons for Optimism", China and Eurasian Forum Quarterly, Volume 6, No. 1, 2008, P. 10.

- 2001 年 6 月 14 日，乌兹别克斯坦以完全平等的身份加入"上海五国"。15 日，六国元首举行了首次会晤，并签署了《上海合作组织成立宣言》，宣告上海合作组织正式成立。

- 2001 年 9 月 14 日，上海合作组织成员国政府首脑首次会议在阿拉木图举行。会议签署了上海合作组织成员国政府间关于区域经济合作的基本目标和方向的备忘录，并宣布成立上海合作组织框架内政府首脑定期会晤机制。

- 2002 年 6 月 7 日，上海合作组织成员国元首在圣彼得堡举行第二次会晤，签署《上海合作组织宪章》。宪章对上海合作组织宗旨、组织结构、运作形式、合作方向及对外交往等原则作了明确阐述，标志着该组织从国际法意义上得以真正建立。

- 2003 年 5 月 29 日，上海合作组织成员国元首第三次会晤在莫斯科举行，讨论了在新形势下如何抓住机遇、应对挑战、加强协调、扩大合作、促进地区和平与发展等重大问题，并达成广泛共识，签署了《上海合作组织成员国元首宣言》。时任中国驻俄罗斯大使张德广被任命为该组织秘书长。9 月 23 日，签署了《上海合作组织成员国多边经贸合作纲要》，标志着经济与安全成为上合组织两大重点合作领域。

- 2004 年 1 月 15 日，上海合作组织秘书处在北京成立。2004 年 6 月 17 日，上海合作组织成员国元首第四次会晤在乌兹别克斯坦首都塔什干举行。此次峰会上，蒙古国被吸收为上海合作组织观察员。阿富汗过渡政府总统卡尔扎伊出席峰会。

- 2005 年 7 月 5 日，上海合作组织成员国元首第五次会晤在哈萨克斯坦首都阿斯塔纳举行。六国元首签署了《上海合作组织成员国元首宣言》等重要文件，并决定给予巴基斯坦、伊朗、印度观察员地位。

- 2006 年 6 月，上海合作组织成员国元首第六次会晤任命努尔加利耶夫及苏班诺夫分别担任上海合作组织秘书长和上海合作组织地区反恐怖机构执行委员会主任。

- 2007 年 8 月，上海合作组织成员国元首理事会第七次会议 16 日在比什凯克举行，成员国元首共同签署了《比什凯克宣言》。

- 2008 年 8 月 28 日，上海合作组织成员国元首理事会第八次会议在塔吉克斯坦首都杜尚别举行。成员国元首共同签署了《上海合作组织成员国元首杜尚别宣言》等重要文件，发表了《上海合作组织成员国元首理事会会议联合公报》。

- 2009 年 6 月 15 日至 16 日，成员国元首理事会第九次会议在俄罗斯叶卡捷琳堡举行。成员国元首共同签署了《上海合作组织成员国元首叶卡捷琳堡宣言》等重要文件，会议发表了《上海合作组织成员国元首理事会会议联合公报》。

- 2010 年 6 月 11 日第十次元首理事会在塔什干举行。峰会批准《上海合作组织接收新成员条例》和《上海合作组织程序规则》等文件。

- 2011 年 6 月 15 日，第 11 次元首理事会在阿斯塔纳举行。会议签署了《上海合作组织 10 周年阿斯塔纳宣言》，还批准了《2011～2016 年上海合作组织成员国禁毒战略》及其《落实行动计划》，签署了《上海合作组织成员国政府间卫生合作协定》等。

- 2012 年 6 月 6 日，第 12 次元首理事会在北京召开，会议批准《上海合作组织中期发展战略规划》及《上海合作组织成员国关于打击恐怖主义、分裂主义和极端主义 2013 年至 2015 年合作纲要》，成员国元首签署了《上海合作组织成员国元首关于构建持久和平、共同繁荣地区的宣言》等 10 个文件。上合组织成员国元首一致同意接收阿富汗为上合组织观察员国、土耳其为上合组织对话伙伴国。

- 2013 年 9 月 13 日，元首理事会第十三次会议在吉尔吉斯斯坦比什凯克举行。与会元首共同签署并发表了《上海合作组织成员国元首比什凯克宣言》。峰会批准《〈上海合作组织成员国长期睦邻友好合作条约〉实施纲要（2013～2017）》。

- 2014年9月12日，元首理事会第十四次会议在塔吉克斯坦杜尚别举行。习近平发表《凝心聚力　精诚协作　推动上海合作组织再上新台阶》的讲话，提出4点主张。成员国元首签署并发表了《杜尚别宣言》，签署了《上海合作组织成员国政府间国际道路运输便利化协定》，批准《给予上海合作组织成员国地位程序》和《关于申请国加入上海合作组织义务的备忘录范本》修订案。

- 2015年7月10日，元首理事会第十五次会议在俄罗斯乌法举行。习近平在会上发表《团结互助　共迎挑战　推动上海合作组织实现新跨越》的讲话。成员国元首签署了《上海合作组织成员国元首乌法宣言》《上海合作组织成员国边防合作协定》，以及有关批准《上海合作组织至2025年发展战略》、批准《上海合作组织成员国打击恐怖主义、分裂主义和极端主义2016～2018年合作纲要》、制订《上海合作组织反极端主义公约》草案等一系列决议。会议发表了《上海合作组织元首理事会会议新闻公报》《上海合作组织成员国元首关于世界反法西斯战争暨第二次世界大战胜利70周年的声明》《上海合作组织成员国元首关于应对毒品问题的声明》。

- 2016年6月24日，上海合作组织成员国元首理事会第十六次会议在乌兹别克斯坦塔什干举行。习近平在会上发表题为《弘扬上海精神，巩固团结互信，全面深化上海合作组织合作》的重要讲话。成员国元首签署《上海合作组织成立十五周年塔什干宣言》以及关于批准《〈上海合作组织至2025年发展战略〉2016～2020年落实行动计划》、批准签署《关于印度共和国加入上海合作组织义务的备忘录》、批准签署《关于巴基斯坦伊斯兰共和国加入上海合作组织义务的备忘录》、批准《上海合作组织秘书长关于上海合作组织过去一年工作报告》、批准《上海合作组织地区反恐怖机构理事会关于地区反恐怖机构2015年工作报告》等决议，见证了《关于印度共和国加入上海合作组织义务的备忘录》和《关于巴基斯坦伊斯兰共和国加入上海合作组织义务的备忘录》等文件的签署。

- 2017 年 6 月 8 日至 9 日，上海合作组织成员国元首理事会第十七次会议在哈萨克斯坦阿斯塔纳举行。习近平主席与其他成员国元首签署并发表阿斯塔纳宣言，发表了峰会新闻公报、关于共同打击国际恐怖主义的声明，签署《上海合作组织反极端主义公约》，批准给予印度、巴基斯坦上合组织成员国地位等 7 份决议。峰会期间，各方授权代表还签署了《2017～2018 年落实〈上海合作组织成员国旅游合作发展纲要〉联合行动计划》《上海合作组织秘书处与红十字国际委员会谅解备忘录》。

- 2018 年 6 月 9 日至 10 日，上海合作组织成员国元首理事会第十八次会议在青岛举行。习近平主席发表了重要讲话，就上合组织成立 17 年来的发展历程和有益经验进行了全面总结，为上合组织今后的发展作出了系统规划，与其他成员国元首签署并发表《青岛宣言》。峰会通过了《上海合作组织成员国长期睦邻友好合作条约》未来 5 年实施纲要，批准了打击"三股势力"未来 3 年合作纲要等重要文件，签署《上海合作组织反极端主义公约》等一系列重要文件。

二、上海合作组织的主要成就

（一）风险共担的地区安全合作

从"上海五国"机制开始探索解决传统安全威胁，到上海合作组织宪章强调共同打击一切形式的恐怖主义、分裂主义和极端主义，风险共担的地区格局逐渐形成。

首先，从建立军事领域信任入手，成功解决边界等问题。中国与上海合作组织其他成员国的合作可以追溯到苏联时期。1989年5月，戈尔巴乔夫访华，中苏实现了关系正常化；1990年4月，中苏达成《关于边界地区减少驻军和建立信任的协定》；1991年5月，中苏就东段边界达成协议。苏联解体后，解决中国与由苏联独立出来的俄罗斯、哈萨克斯坦、吉尔吉斯斯坦、塔吉克斯坦四国边界问题被提上日程。通过俄罗斯的协调，最初通过"4（俄罗斯与中亚三国）+1（中国）"模式，就裁军和划界问题进行谈判。1996年4月26日，五国领导人在上海签署了《关于在边境地区加强军事领域信任的协定》。协定不仅为中国与独联体四国间的双边和多边关系健康发展提供了政策保障，也由此启动了"上海五国"的会晤机制，并为上海合作组织的形成打下基础。1997年4月，五国又在莫斯科签署《关于在边境地区相互裁减军事力量的协定》。这两个重要文件提出以平等、信任、协商、互利的原则，化解阻碍各国发展的传统威胁因素，并通过五国元首联合声明的形式固定了下来。上述两个协定对推动中国同俄、哈、吉、塔四国边界问题的解决做出了历史性贡献。中哈、中吉、中塔、中俄分别于1998年、1999年、2002年和2004年全面解决了边界问题。

其次，通过多边协作，共同应对非传统安全领域的挑战。中亚地区各种势力错综复杂，国际恐怖主义、民族分裂主义、宗教极端主义——"三股势力"，以及毒品走私、武器扩散、非法移民等具有跨国性质的有组织犯罪活动，严重威胁着地区的安全与稳定，保证中亚的和平稳定必须依靠国际合作。2001年，在边界问题得到基本解决以后，"上海五国"决定将合作机制继续下去，并进一步发展成"上海合作组织"。加强反恐合作是上海合作组织区别于地区内其他安全合作组织的重要标志。在中方的倡议和推动下，上海合作组织成立伊始，成员国就签署了《打击恐怖主义、分裂主义和极端主义上海公约》。"9·11"事件后，上海合作组织成员国加强了以打击"三股势力"为核心的反恐合作。各国共同拟定联手打击的恐怖组织和恐怖分子名单，建立情报资源共享的数据库。共有 36 个组织被上合组织列入"三股势力"名单，其中与俄罗斯有关的 15 个，哈萨克斯坦 12 个，乌兹别克斯坦 26 个，塔吉克斯坦 10 个，吉尔吉斯斯坦 4 个，中国 4 个。为了切断恐怖分子的资金来源，上海合作组织还签署了反毒合作协定，并启动了安全会议秘书机制，以加强在安全合作问题上的统筹和协调。目前，上海合作组织已形成包括军队、警察、情报、检察院和法院等强力部门在内的多渠道、多层次、多领域和多功能合作机制，对"三股势力"始终保持高压态势，努力消除其对地区安全和稳定的威胁。上海合作组织还通过联合军演加强各国在反恐实践中的协调。2002 年中吉进行了双边联合军事演习，这是中国首次参与上海合作组织框架内的联合军演；2003 年 8 月中、俄、哈、吉、塔五国举行了代号为"联合—2003"的联合反恐军事演习；2005 年 8 月，中俄两国举行了"和平使命—2005"联合军事演习。为了进一步规范上海合作组织框架内的军演活动，2007 年 6 月，成员国在吉尔吉斯斯坦首都比什凯克签署了《上海合作组织成员国关于举行联合军事演习的协定》。这些双边和多边军事演习、协定反映出上海合作组织成员国的政治互信日益增强，反恐合作在不断深化。从 2007 年以来，上海合作组织成员国武装力量已经举行了六个阶段的反恐司令部演习（见表 1 - 1）。

表 1 - 1 　　　　　　　历次和平使命军事演习情况

名称	时间	演习地点	参与国家
和平使命—2007 年	2007 年 8 月 9 ~ 17 日	中国乌鲁木齐和俄罗斯车里雅宾斯克	中国、俄罗斯、哈萨克斯坦、吉尔吉斯斯坦、塔吉克斯坦、乌兹别克斯坦

名称	时间	演习地点	参与国家
和平使命—2010 年	2010 年 9 月 9 ~ 25 日	哈萨克斯坦阿拉木图市和奥塔尔市	中国、俄罗斯、哈萨克斯坦、吉尔吉斯斯坦、塔吉克斯坦
和平使命—2012 年	2012 年 6 月 8 ~ 14 日	塔吉克斯坦胡占德市	中国、俄罗斯、哈萨克斯坦、吉尔吉斯斯坦、塔吉克斯坦
和平使命—2014 年	2014 年 8 月 24 ~ 29 日	中国锡林郭勒盟	中国、俄罗斯、哈萨克斯坦、吉尔吉斯斯坦、塔吉克斯坦
和平使命—2016 年	2016 年 9 月 5 ~ 12 日	吉尔吉斯斯坦巴雷克奇	中国、俄罗斯、哈萨克斯坦、吉尔吉斯斯坦、塔吉克斯坦
和平使命—2018 年	2018 年 8 月 22 ~ 29 日	俄罗斯切巴尔库尔	中国、俄罗斯、哈萨克斯坦、塔吉克斯坦、吉尔吉斯斯坦、印度和巴基斯坦,乌兹别克斯坦（观察员）

　　最后，加强制度建设，致力于长期反恐职能。2000 年 2 月，吉尔吉斯斯坦建议在比什凯克建立“上海五国”地区反恐中心，得到了第五次“上海五国”元首杜尚别会议的明确支持。2001 年 6 月，《上海合作组织成立宣言》和《打击恐怖主义、分裂主义和极端主义上海公约》作出了建立地区反恐中心的决定。2002 年 6 月，上海合作组织元首圣彼得堡会议签署了《上海合作组织成员国关于地区反恐怖机构的协定》和《上海合作组织宪章》，对这一机构的组成、地位和职能作了明确的规定。2003 年 5 月，上海合作组织莫斯科峰会批准了规范常设机构——北京秘书处和比什凯克地区反恐中心活动的法律文件，并决定将反恐怖机构所在地由比什凯克改为塔什干。2004 年 6 月，上海合作组织塔什干峰会期间地区反恐怖机构正式挂牌。2006 年 3 月，在反恐怖

机构的协调下，上海合作组织在乌兹别克斯坦举行了反恐演习。2010 年 4 月上海合作组织和联合国秘书处、2011 年 6 月和联合国毒品和犯罪问题办公室、2012 年 12 月和联合国安理会反恐委员会分别签署了合作法律文件，2014 年 6 月上海合作组织地区反恐怖机构与欧亚打击犯罪收入合法化和资助恐怖主义小组签署合作议定书，加强与其他国际组织的反恐合作。上合组织成员国对地区反恐怖机构的工作给予高度评价，认为该机构会成为成员国未来共同维护本国和地区安全的有效合作机制，将在维护中亚地区的安全与稳定方面发挥越来越重要的作用。

（二）互利共赢的经济合作

1. 经贸合作成果丰硕

上海合作组织发展经济合作有许多有利条件——互为邻国，地域相连；经济存在很强的互补性；各国都有合作的愿望和要求。为加强成员国各部门之间的协调，上海合作组织设立了国家协调员理事会，并建立了各国总理会晤机制（见表 1 - 2）。2001 年 9 月 14 日，上海合作组织成员国总理在阿拉木图举行了首次会晤，讨论区域经济合作问题，签署了《上海合作组织成员国政府间关于区域经济合作的基本目标和方向及启动贸易和投资便利化进程的备忘录》。2002 年，成员国先后建立起经贸部长和交通部长会议机制，贸易和投资便利化进程开始启动，贸易、投资、交通、能源等领域的合作也逐渐开展。2003 年 9 月 23 日，成员国总理在北京举行第二次会议，通过了《上海合作组织成员国多边经贸合作纲要》，纲要阐明了上海合作组织框架内经济合作的基本目标和任务、合作的优先方向及具体实施措施，提出上海合作组织在 20 年内实现商品、资金、服务及技术自由流通的经济合作目标。这标志着上海合作组织区域经济合作开始步入正轨。2004 年 9 月，上海合作组织通过的《关于〈上海合作组织成员国多边经贸合作纲要〉落实措施计划》将经贸合作推向具体实施阶段。2005 年 10 月，上海合作组织成员国经贸部长第四次例行会议通过了《〈上海合作组织成员国多边经贸合作纲要〉实施措施计划》的实施机制草案，同时提出上海合作组织实业家委员会和银行间联合体的组建工作应尽快启动。2005 年 11 月 22 日，上海合作组织银行联合体正式成立，中国国家开发银行行长陈元当选为上合组织银联体首任主席。2011 年 2 月，中国进一步提出建立上海合作组织发展银行的建议，以支持上合组织框架内的双边和多边基础建设项目。国际金融危机爆发后，中国积极支持上合组织框架内的经贸合作。为推动上海合作组织框架内的经济合作，2004 年塔什干首脑会议期间，中国宣布向其他成员国提供 9 亿美元的优惠出口买方信贷。此外，上海合作组织秘书处会馆及其经济合作网站均为中国无偿提供。2008 年爆发的全球金融危机给上海合作组织成员国带来了严重的冲击，中国积极协助成员国应对危机。2009 年初，中国以"贷款换石油"方式分别向俄、哈两国贷款 250 亿美元和 100 亿美元，以"贷款换合作"形式向塔吉克斯坦贷款 10 亿美元，向吉尔吉斯斯坦提供 2 亿美元优惠贷款和 8 000 万元人民币无偿援助。特别是中国政府决定向上合组织框架内多边和双边经济技术合作项目提供 100 亿美元的信贷支持，成为成员国尽快摆脱危机影响的重要保障。尽管受到金砖国家经济整体低迷，国际能源价格下跌，以及乌克兰危机等因素的影响，总体上看，上海合作组织内部的经贸合作始终不断向前发展。《上海合作组织成立十五周年塔什干宣言》指出："上海合作组织成立 15 年来，经贸往来和投资合作形成巨大潜力，区域经济合作发展势头良好，合作机制不断完善。"对于发展成就，习近平主席评价说："坚持互利共赢和共同发展，积极挖掘互补优势，协力做大合作蛋糕，全面推进经贸、金融、能源、交通等各领域合作深入发展。2015 年，中国同其他成员国贸易总额，是上海合作组织成立之初的 7 倍。上海合作组织不断加强利益融合，形成了你中有我、我中有你的利益共同体。[①]"

表 1 – 2　　　　　上海合作组织成员国主要贸易伙伴
排名（2016 ~ 2017 年）

国别	主要贸易伙伴（依照贸易额排名）
中国	美国、中国香港、日本、韩国、德国
俄罗斯	中国、德国、荷兰、美国、意大利
哈萨克斯坦	俄罗斯、中国、意大利、德国、法国
吉尔吉斯斯坦	中国、俄罗斯、哈萨克斯坦、瑞士、土耳其
塔吉克斯坦	俄罗斯、中国、哈萨克斯坦、土耳其、伊朗
土库曼斯坦	中国、土耳其、伊朗、俄罗斯、阿联酋

资料来源：商务部网站国别、地区指南 – 欧亚 http：//fec. mofcom. gov. cn/article/gbdqzn/。

2. 能源合作不断深入

欧亚地区油气资源分布广、储量大。其中，俄罗斯已探明储量 742 亿桶，哈萨克斯坦已探明储量为 398 亿桶，土库曼斯坦已探明储量为 6 亿桶，乌兹别克斯坦 6 亿桶。有评论认为，在与油气资源相关的地缘政治图谱中，谁控制了中亚石油，谁就能在全球能源战略格局中争得主动。[②] 中国经济发展迅速，自 1993 年转为原油进口国以来，原油进口额不断上升，2010 年达到 2. 39 亿吨，原油消费 50% 以上依赖进口。2009 年，中国石油的探明储量占世界的 1. 1%，而消费却达到了 10. 4%。[③]

---

① 习近平在上海合作组织成员国元首理事会第十六次会议上的讲话，新华网，2016 年 6 月 24 日，http：//news. xinhuanet. com/world/2016 – 06/24/c_1119108815. htm.
② 参见胡仕胜：《美国中亚战略面面观》，载于《当代世界》2005 年第 10 期，第 14 页。
③ "BP Statistical Review of World Energy," http：//www. bp. com，June 2010.（上网时间：2010 年 6 月 18 日）。

从地缘角度来看，中亚、俄罗斯是中国的近邻，向中国出口石油符合其能源出口多元化的要求，也有益于改善中国的石油战略布局。因此，上海合作组织内部能源合作的前景十分广阔。早在 1997 年 6 月，中国公司就与哈萨克斯坦签订了购买阿克纠宾斯克油气股份公司 60.3% 股权的协议。2003 年 6 月，中国与哈萨克斯坦又签订了购买阿克纠宾斯克油气股份公司 25% 股份的协议。[①] 同年，中国和哈萨克斯坦正式决定建设中哈石油管道，并于 2006 年正式通油。2006 年 4 月中国与土库曼斯坦签署了有关实施中土天然气管道建设项目及中国从土购买天然气的协议，协议规定从 2009 年起的 30 年内，中国每年从土库曼斯坦购买天然气 300 亿立方米；2011 年 11 月土库曼斯坦总统别尔德穆哈梅多夫访华，中土又签署了《关于全面深化中土友好合作关系的联合声明》和《关于土库曼斯坦向中国增供天然气的协议》，未来土库曼斯坦向中国供应天然气每年将增加到 650 亿立方米。[②] 2009 年 12 月，中国—中亚天然气管道途经乌兹别克斯坦和哈萨克斯坦，管道已正式向中国通气。从 2006 年起，俄罗斯每年通过铁路向中国出口石油 1 500 万吨[③]；2011 年 1 月 1 日，中俄原油管道正式启用。2014 年 5 月，中俄双方有关企业签署了总价值超过 4 000 亿美元、年供气量 380 亿立方米、期限长达 30 年的中俄东线天然气购销合同，被称为全球天然气市场的"世纪大单"。2018 年 1 月 1 日，中俄原油管道二线，正式投入商业运营，中国通过东线管道进口的油量将从 1 500 万吨增加到 3 000 万吨。

长远来看，上海合作组织成员国之间的能源合作促进了各方关系的良性互动。随着中哈石油管道的建成，2007 年 11 月，俄

---

① 吴绩新：《从安全合作到能源合作：上海合作组织亟需持续发展动力》，载于《国际展望》2007 年第 18 期，第 12 ~ 13 页。

② 王慧绵：《中土构建能源合作国际样本　创造世界管道史奇迹》，载于《经济参考报》2011 年 11 月 28 日。

③ 陈耕：《铁路将迎接每年 1500 万吨俄罗斯油》，人民网，http：//finance. people. com. cn/GB/1038/4224200. html.（上网时间：2006 年 3 月 22 日）。

罗斯与哈萨克斯坦签署协议商定每年将通过中哈石油管道向中国供石油 500 万吨，从而进一步完善了其多元化出口战略。中国—中亚天然气管道项目解决了中国"能源来源多元化"与中亚国家"能源输出多元化"两方面的问题。不仅如此，这一项目对于上海合作组织另外一些成员国的经济发展也具有重要意义，诚如亚洲天然气管道有限公司总经理沙亚赫梅托夫所说：中国—中亚天然气管道正式通气后，对哈萨克斯坦来说，"整个阿拉木图州的天然气供应问题都能得到解决"，"对土库曼斯坦来说，中亚天然气管道为它的能源出口开辟了一条全新通道。对乌兹别克斯坦来说，这不仅是一条新的能源出口通道，还能带来大量过境运输费。事实上，中亚天然气管道工程最大的意义在于：我们与邻国借此发现了更多的共同利益与合作机会。"[①] 而中俄石油天然气管道的建设不仅符合中国获得稳定能源供应的需要，实现了俄罗斯发展"东西方平衡的能源战略"的客观要求，也将大大增强新兴市场国家在国际能源问题上的话语权，改变国际能源治理体系的现有格局。

（三）相互尊重的新型国家间关系

在政治上，上合组织开创性倡导互信、互利、平等、协商、尊重多样文明、谋求共同发展的"上海精神"，为所有致力于睦邻友好和共同繁荣的国家提供了有益借鉴，也为国际社会构建以合作共赢为核心的新型国际关系实践注入了强大动力。它以平等互信为基础，以互利共赢为原则，以对话协商为手段，以共同发展为目标，承认并尊重世界的多样性，认为不同文明背景的国家和民族间可以并且应该和谐共处。"上海精神"作为成员国合作

---

① 《胡锦涛出席中国—中亚天然气管道通气仪式》，新华网 http://news.xinhuanet.com/world/2009 – 12/14/content_12645488.htm.（上网时间：2009 年 12 月 14 日）。

的基本准则，具体体现在三个方面：一是协商一致原则，各成员国在建立共同利益基础上开展国家间合作发展，有利于各方达成共识；二是开创了地区合作的新型模式，冷战以来的国际组织多为国家政治联盟，上合组织则不针对任何第三方；三是尊重文明的多样性，谋求共同发展，不干涉他国内政。按照"上海精神"上海合作组织承认各国间的差别，提出"尊重多样文明"，尊重各成员国独特的历史文化传统，尊重其独立自主地选择本国发展道路的权利，强调"各文明之间应以对话代替对抗"。中亚地区历史上就是不同文明、民族、宗教的交汇地，加上各国经济发展水平不同、政治制度各异，发展区域合作任务十分艰巨。加强政治对话和文化交流有助于不同民族、宗教之间消除隔阂，减少误解，从而为联合反恐、经济合作创造良好的条件。2002 年 5 月，《上海合作组织成员国元首圣彼得堡宣言》明确提出："要尊重和促进人类文明的多样性。各种文明应该求同存异，取长补短，共同发展。"[1] 2004 年 6 月，胡锦涛主席在上海合作组织塔什干峰会上重申："上海合作组织要维护人类文明的多样性，促进不同文明、不同社会制度和发展道路的国家相互交流，取长补短、和谐共处"。[2] 2005 年 7 月《上海合作组织成员国元首阿斯塔纳宣言》再次指出，"世界文化和文明的多样性是全人类的财富。在信息技术和交通迅猛发展的时代，这种多样性应促进相互了解和宽容、避免极端态度、发展对话。应充分保障各国人民选择自己发展道路的权利。"[3] 2006 年《上海合作组织五周年宣言》总

---

[1] 《上海合作组织成员国元首宣言（圣彼得堡）》，新华网，http：//news. xinhuanet. com/newscenter/2002 – 06/08/content_430144. htm. （上网时间：2002 年 6 月 8 日）。

[2] 胡锦涛：《加强务实合作共谋和平发展》，载于《人民日报》2004 年 6 月 18 日第 1 版。

[3] 《上海合作组织成员国元首宣言（阿斯塔纳）》，中广网，http：//www. cnr. cn/zhuanti1/shhz/zywj/200606/t20060608_504219423. html. （上网时间：2017 年 6 月 8 日）。

结了上海合作组织的成功经验，强调"本组织将为建立互信、互利、平等、相互尊重的新型全球安全架构作出建设性贡献。此架构基于公认的国际法准则，摒弃'双重标准'，在互谅基础上通过谈判解决争端，尊重各国维护国家统一和保障民族利益的权利，尊重各国独立自主选择发展道路和制定内外政策的权利，尊重各国平等参与国际事务的权利。"[①] 2007 年 8 月 16 日，上海合作组织签署了《上海合作组织成员国长期睦邻友好合作条约》，确定了"世代友好，永不为敌"的国家间关系准则，确定遵循协商一致原则，共商组织大计，很好地实现了成员国自身发展与地区共同发展的有机结合。

俄罗斯学者认为，"上海精神"的原则给当代国际关系理论和实践作出了名副其实的贡献。为世界勾画了一个新型、非对抗的国际关系模式。遵循这一模式将会促进国际社会成功地寻求有效的国际关系民主化道路，摒弃冷战思维，建立超越意识形态的公正秩序。[②] 在 2016 年塔什干峰会上，习近平主席明确指出："'上海精神'催生了强大凝聚力，激发了积极的合作意愿，是上海合作组织成功发展的重要思想基础和指导原则。"在"上海精神"的指导下，上海合作组织不断凝聚内部共识，对外影响力不断扩大。

（四）互学互鉴的人文领域交流

2001 年 6 月 15 日，上海合作组织元首会晤首次提出"举行上海合作组织文化部长会晤"。上海合作组织成员国第一次（2002 年 4 月）、第二次文化部长会议（2005 年 7 月）的召开，以及 2005 年第一次上海合作组织成员国文化节的成功举行，标

---

① 《上海合作组织五周年宣言》，新华网，http://news.xinhuanet.com/news-center/2002-06/08/content_430144.htm.（上网时间：2017 年 6 月 8 日）。

② 参见〔俄〕米·季塔连科：《俄罗斯、中国与世界秩序》，人民出版社 2018 年中文版，第 202 页。

志着上海合作组织人文合作的机制已经形成。2006 年 4 月，上海合作组织成员国第三次文化部长会议在塔什干举行，会议通过了 2007~2008 年文化合作计划。2005 年 7 月、2006 年 6 月和 2008 年 8 月，上海合作组织成功举行了三届艺术节。2001 年 9 月 22~29 日，中国成功举办了"哈萨克斯坦文化节"，2002 年 4 月，哈萨克斯坦举办了"中国文化日"。2005 年，中国举办了"乌兹别克斯坦文化日"。2006 年是"中国的俄罗斯年"，2007 年是"俄罗斯的中国年"。这些文化交流活动对增进各国相互信任发挥了重要作用。2007 年根据俄罗斯总统普京的提议，"上海合作组织大学项目"正式启动，上合组织成员国——中国、俄罗斯、哈萨克斯坦、塔吉克斯坦、吉尔吉斯斯坦和乌兹别克斯坦的 56 所重点高校参与了上合组织大学的组建。① 为推动汉语教学和各国对中国文化的了解，中国分别在哈萨克斯坦和乌兹别克斯坦设立了中国文化中心，在上海合作组织成员国中设立了 36 个孔子学院及 31 个孔子课堂②。这些人文教育合作实现了文明的对话，促进了成员国人民的理解和沟通。2017 年在阿斯塔纳上海合作组织成员国元首理事会上，中国提出将启动实施"中国－上海合作组织人力资源开发合作计划"，通过邀请上海合作组织成员国人员来华研修研讨、派遣中方专家顾问赴成员国提供政策咨询、在成员国境内开展当地培训、提供政府奖学金名额等方式，加大同成员国在人力资源开发领域合作的广度和深度。此外，中国还提出，促进民心相通，媒体不能缺位，提倡建立媒体合作机制，组织首届媒体峰会。上海合作组织从过去的经济与安全双轮驱动，正在走向经济、安全与人文共同发展（见图 1-1）。

---

① 《上海合作组织大学》，参见俄罗斯之声网站，http：//chinese. ruvr. ru/2011/02/26/46256373. html. （上网时间：2017 年 7 月 18 日）。

② 孔子学院总部/国家汉办官网 http：//www. hanban. edu. cn/confuciousinstitutes/node_10961. htm. （上网时间：2017 年 10 月 11 日）。

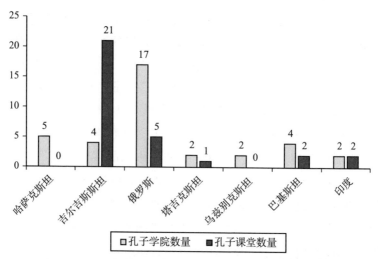

图1-1　上海合作组织成员国孔子学院、孔子课堂数量

资料来源：孔子学院总部/国家汉办官网 http：//www. hanban. edu. cn/confucious-institutes/node_10961. htm

经过十多年的发展，上海合作组织形成了自己鲜明的特点：

第一，上海合作组织是保障成员国之间边界安全和军事信任的机制。中亚地区的任何其他组织都不具有这种功能。上海合作组织使长达7 000多千米的边界线保持稳定，使成员国之间边界地区的安全得以巩固，从而不仅使有关各国获得了安全感，而且可以腾出宝贵的战略资源用于更需要的地方。因此，上海合作组织对于其中的每一个成员国的安全都有最实际的重要意义及战略意义。

第二，上海合作组织既有突出的地区性特点，又兼有较全面的代表性。上海合作组织包括了中亚主要国家，而中国和俄罗斯从南北两面同这些国家连为一体，与这一地区有着息息相关的利害关系。[1] 中国作为一个地处大中亚、与这一地区有着密切联系

---

① Васильев Леонид Евгеньевич，Борьба с Терроризмом на Пространстве ШОС，Москва：Институт Дальнего Востока РАН，2017г.

的大国，上海合作组织是中国参与创建并积极参加的中亚地区性合作机制，而对于其他中亚合作机制，如独联体集体安全条约组织、欧亚经济联盟、中西亚经济合作组织等，中国都暂未参加。① 因此，上海合作组织是这一地区代表性最广的地区合作机制，是这一地区唯一一个把中国、俄罗斯、印度、巴基斯坦和中亚国家组织在一起的合作机制。

第三，上海合作组织机制具有开放性。上海合作组织的形成源于共同安全的需要，同时它没有针对周边任何一个国家的指向，不对周边任何国家构成威胁。而且，它对这一地区国家都是开放的。因此，这是一个新型的地区合作机制，具有真正意义上的开放性。它体现了一种新型的安全观，是一种通过使各国平等地共同获得安全从而也使自己得到安全的安全观。② 随着上海合作组织机制合作范围的扩大，周边其他国家加入这一机制将受到欢迎，不断增多的对话伙伴国、观察员国也从实践方面说明了上合组织的吸引力。在逐步扩员之后，上海合作组织将逐渐成为中国与相关国家开展地区安全、区域经济合作和多元文化交流的重要平台。"丝绸之路经济带"建设、阿富汗的稳定与发展、能源与金融合作、打击"三股势力"等重大问题将成为上海合作组织的关注重点。

第四，上海合作组织得到了国际社会的广泛认可，在广大欧亚地区发挥着不可替代的作用，发展潜力巨大。2004年6月，塔什干峰会通过《上海合作组织成员国外交部协作议定书》，规定成员国外交部就重大国际和地区问题开展各种形式的磋商和协调，目前这一合作已经成为上海合作组织的一大特色。近年来，上海合作组织在阿富汗、叙利亚等问题上不断发挥建设性作用，

---

① 吴宏伟主编：《中亚地区发展与国际合作机制》，社会科学文献出版社2011年版。
② 郭亚楠：《亚洲安全的维护者——上海合作组织》，载于《学理论》2014年第19期，第40~41页。

为地区和平稳定与经济发展做出了自己的贡献。此外，上海合作组织还使中亚国家，特别是弱小的中亚国家增加了一个进入国际舞台的途径，这对于提高它们的国际地位也有好处。①

上海合作组织以应对安全威胁为基础，以经贸合作为保障，以人文交流为动力，取得了举世瞩目的成就。

三、上海合作组织的重要意义

2013 年 3 月习近平主席访问俄罗斯期间，首次提出命运共同体理念。② 随后，在博鳌亚洲论坛上，他又提到"人类只有一个地球，各国共处一个世界。我们应该牢固树立命运共同体意识，推动亚洲和世界共同发展"。③ 构建人类命运共同体思想顺应了历史潮流，回应了时代要求，凝聚了各国共识，为人类社会实现共同发展、持续繁荣、长治久安绘制了蓝图，对中国的和平发展、世界的繁荣进步都具有重大和深远的意义。上海合作组织（以下简称"上合组织"）是第一个在中国境内成立、第一个以中国城市命名的国际组织。自成立以来，上海合作组织有力维护了地区的和平稳定，促进了地区国家之间的经济和人文交流。构建"平等相待、守望相助、休戚与共、安危共担"④ 的地区命运共同体是上海合作组织肩负的重要历史使命。

研究上海合作组织的意义主要体现在三个方面：

---

① 梁超主编：《中亚博弈新视角》，社会科学文献出版社 2011 年版。
② 《习近平在莫斯科国际关系学院的演讲》新华网，http://www.xinhuanet.com/politics/2013 – 03/24/c_124495576.htm.（上网日期：2013 年 3 月 23 日）。
③ 《博鳌亚洲论坛 2013 年年会开幕　习近平出席开幕式并发表主旨演讲》，载于《人民日报》2013 年 4 月 8 日。
④ 习近平主席在上海合作组织成员国元首理事会第十七次会议上的讲话，新华网，http://www.xinhuanet.com//world/2017 – 06/10/c_1121118817.htm.（上网时间：2017 年 6 月 10 日）。

首先，上海合作组织是中国和平发展的重要战略支撑。上合组织从上海五国机制发展而来，其关注的议题经历了从传统安全到非传统安全、从政治到经济的巨大变化。成立十几年来，在中国的积极支持和推动下，上海合作组织在发展政治互信、促进经济合作及完善自身制度建设方面取得了巨大成就。同时，上海合作组织的成功发展也为中国维护自身安全和稳定，拓展国际经贸合作，开辟新的能源战略通道发挥了重要作用。

其次，上海合作组织是中国推动新型国际关系建设的重要指针，须要先期设计、主动谋划。中亚地区战略地位十分重要，民族、文明、历史关系错综复杂，十多年来上海合作组织的发展历程体现了其成员国之间，成员国与美国等西方国家之间围绕权力博弈、经济发展和文明交融的复杂运动，这些复杂的矛盾关系将长期存在。此外，鉴于当代世界处在大变革、大调整时期，原有的矛盾可能更加复杂。伴随中国经济的成长，中国与国际体系的关系将更为紧密，中国主动引领和塑造国际体系的责任愈加巨大，参与全球和地区治理、打造人类命运共同体将成为中国外交的主要任务之一。在此进程中，上海合作组织会继续作为中国探索创新外交方式，参与地区合作，推动国际新秩序建设的重要实验平台。

最后，上海合作组织为探索中国特色的外交理论体系提供了实践基础，完善的理论需要兼具解释力和预测力。过去十几年，上海合作组织的成立和发展充分体现了包括新安全观、新发展观、新文明观在内的中国外交观念创新，它所提出的互信、互利、平等、协商、尊重多样文明、谋求共同发展的"上海精神"反映了中国在和平、发展和国际新秩序建设方面的全新理念，是新世纪中国外交创新与探索新型国际关系的有益尝试。随着中国特色大国外交建设的不断深入，亚洲安全观、正确义利观、"一带一路"等中国特色外交政策理论的框架逐渐清晰，"中国式关系理论"建设成为人们关注的焦点，上海合作组织成为理论检验的重要样本。

四、上海合作组织的未来前景

经过十多年的发展，上海合作组织逐渐成熟壮大，并在地区事务中发挥着越来越重要的作用。从经济方面来看，2008 年全球金融危机爆发后，世界许多国家遭受了重大冲击，相比较而言，上海合作组织成员相互协作，维护了经济的稳定发展，对世界走出危机做出了巨大贡献。政治和安全方面，2011 年以来，西亚北非发生了"阿拉伯之春"，政局动荡至今尚未平息。尽管中亚国家与西亚北非国家在民族、宗教、文化、经济结构等许多方面具有相似之处，但是总体上并未受到严重冲击。依托上海合作组织，中亚地区为维护世界的和平与发展做出了重要贡献。总体来看，上海合作组织的未来前景光明，原因如下：

第一，中国的"一带一路"建设为上海合作组织的发展增添了新动力。2013 年 9 月 7 日，习近平主席在哈萨克斯坦纳扎尔巴耶夫大学发表重要演讲，首次提出加强政策沟通、道路联通、贸易畅通、货币流通、民心相通，共同建设"丝绸之路经济带"的战略倡议。中亚地处连接欧洲和亚洲、中东和南亚的十字路口，加之自然资源丰富，民族和宗教关系复杂，在欧亚地缘政治经济中地位十分重要，是恢复古老丝绸之路的要冲。上海合作组织成员国、观察员国都位于古丝绸之路沿线，中国的"丝绸之路经济带"倡议与哈萨克斯坦的"光明大道"、吉尔吉斯斯坦的丝路外交、塔吉克斯坦的"交通通畅"项目完全契合，为提升上海合作组织框架内的互利合作提供了新的动力。2017 年，习近平主席时隔四年再访哈萨克斯坦，强调了中国对丝绸之路经济带的重视。

第二，中俄战略协作伙伴关系不断深化，欧亚经济联盟与上海合作组织二者关系由竞争变为互补。中亚是俄罗斯传统的"战略地带"，中国参与中亚地区合作，难免会导致俄罗斯的猜忌。2013 年 9 月，习近平主席在访问哈萨克斯坦时明确提出"中国不谋求地区事务主导权，不经营势力范围"。中国以上海合作组织为重要平台参加中亚地区合作，发展与中亚国家之间的经贸往来。除土库曼斯坦被联合国承认为"永久中立国"外，哈萨克斯坦、乌兹别克斯坦、吉尔吉斯斯坦、塔吉克斯坦四国均根据自己的现实需要参加了欧亚经济合作组织等区域经济协调机制。上海合作组织是中国参与中亚地区现有的政治、安全及经济合作的唯一平台。2017 年是《上海合作组织宪章》签署 15 周年和《长期睦邻友好合作条约》签署 10 周年，也是该条约正式生效五周年。从过去十多年的情况来看，上海合作组织对于中国走进中亚，发挥了重要作用。将中国与中亚国家区域经济合作纳入上海合作组织区域经济合作的大框架之中，将之定位于上合组织区域经济合作项下的次区域经济合作，借助于上海合作组织的多边协调机制和平台，推动中国与中亚国家区域经济合作具有现实合理性。[1] 上海合作组织是丝绸之路经济带建设的重要载体，2015 年 5 月习近平主席访俄时中俄两国元首商讨将中方丝绸之路经济带建设同俄方欧亚经济联盟建设对接，两国元首共同发表了《关于丝绸之路经济带建设与欧亚经济联盟建设对接合作的联合声明》，[2] 这进一步表明，随着中俄全面战略协作伙伴关系的深化，欧亚经济联盟与上海合作组织的关系正由相互竞争变为有机互补。

　　第三，中亚政局总体稳定，地区合作意愿不断加强。中亚国

---

　　① 秦放鸣:《中国与中亚国家区域经济合作研究》，科学出版社 2010 年版，第 85 页。

　　② Лидеры РФ и Китая приняли заявление о состыковке ЕАЭС и Шелкового пути Подробнее на Oil - Эксперт: http://www.oilexp.ru/news/russian_rinok/lidery-rf-i-kitaya-prinyali-zayavlenie-o-sostykovke-eaehs-i-shelkovogo-puti/93740/. (上网时间：2017 年 7 月 11 日）。

家独立二十几年以来，领导者的执政能力不断加强，哈萨克斯坦已经完成政权交接安排，2016 年乌兹别克斯坦总统卡里莫夫逝世后，乌兹别克斯坦政权与局势实现了平稳过渡。综合以上不同因素来看，中亚五国总体上政局趋于稳定。政治稳定是经济发展的保障，经济发展的诉求催生对外合作的意愿。目前，中亚各国正致力于加快经济转型，中方提出建设"丝绸之路经济带"的倡议，为上海合作组织成员国深化经贸投资等互利合作提供了新契机。1992 年建交以来，中国和哈萨克斯坦各领域互利合作稳步推进，尤其是贸易和投资等领域的合作势头强劲，双方正努力向双边贸易额 400 亿美元的目标迈进。为摆脱单一经济模式，哈萨克斯坦政府一直希望实现经济转型，为此努力改善投资环境以吸引外资，多次表达了与中方合作的意愿。在 2015 年 5 月习近平主席访问哈萨克斯坦前，哈萨克斯坦总统纳扎尔巴耶夫接受媒体采访时表示，双方将讨论中国在哈投资项目，特别是与光明大道大规模基建开发计划相关的项目和几个重要能源合作项目，哈方还推动连接西欧和中国西部的高速公路于 2015 年完工。① 乌兹别克斯坦总统卡里莫夫于 2014 年 5 月访华时曾明确表示，乌方愿积极参与建设丝绸之路经济带，促进乌中两国间经贸往来和互联互通。② 2017 年 5 月乌兹别克斯坦总统米尔济约耶夫访华时表示，乌方感谢中方支持乌方走符合本国国情的发展道路，乌方致力于巩固和发展乌中全面战略伙伴关系，密切两国高层交往，以"一带一路"建设为契机，深化经贸、投资、产能、基础设施、水利等领域合作和地方、人文交流，加强在联合国、上海合作组织等多边框架下协调配合。塔吉克斯坦、吉尔吉斯斯

---

① Казахстан и Китай развивают сотрудничество в области чистой энергии：http：//www. inform. kz/rus/article/2776752. （上网时间：2017 年 7 月 15 日）；Новый Шелковый путь-платформа интеграционных процессов：http：//www. inform. kz/rus/article/2659526. （上网时间：2017 年 7 月 29 日）。

② 乌兹别克斯坦欢迎中国实业投资，http：//world. people. com. cn/n/2014/0608/c1002 – 25118714. html. （上网时间：2017 年 7 月 10 日）。

坦都提出希望中国直接投资，开展生产加工合作；土库曼斯坦提出不仅要加强能源、资源领域与中国的合作，也要加强新能源、清洁能源领域的合作。中亚国家积极与中国合作的姿态提高了整个地区的合作意愿，为上海合作组织注入了发展动力。

第四，2001 年之后，阿富汗一直是塑造美国中亚政策的主要因素，美国也正是以阿富汗为"跳板"，进入中亚，保证了美国在中亚地缘上的战略目标，防止俄罗斯在中亚影响力的恢复。美国助理国务卿布莱克曾说："中亚位于至关重要的战略十字路口，与阿富汗、俄罗斯和中国毗邻而居。这就是美国将继续扩大在这个地区的存在，并与这个关键地区合作的原因。"① 然而，2014 年后，美国从阿富汗逐渐撤军，美国中亚利益的结构发生重大变化，阿富汗战争不再是美国中亚利益的中心；美国的中亚外交也因此深刻转变。在可预见的未来数年内，阿富汗局势仍将处于过渡期，并且前景堪忧。美国虽撤走军队，但它仍有意在阿富汗保持战略存在，并且它对阿富汗的平稳过渡持有承诺。要实现这一平稳过渡的进程，美国仍需要中亚国家以及俄罗斯的支持协助。此外，阿富汗战争后，美国之于中亚和中亚之于美国的地位都将在彼此的外交优先次序中降低，美国撤军后，中亚地区作为运输通道的优势不复存在，美国对中亚的战略需求不断递减，近年来美国对中亚国家援助的减少就是例证。② 美国政策调整的同时，中亚国家对美合作的热情也逐渐降低。2014 年 6 月 3 日，美国在吉尔吉斯斯坦的马纳斯空军基地举行了关闭仪式。③ 围绕

①　Robert O. Blake, Jr. (Assistant Secretary, Bureau of South and Central Asian Affairs), "The Obama Administration's Priorities in South and Central Asia," January 19, 2011, http://www. slate. gov/p/sca/rls/rmks/2011/155002. htm. （上网时间：2015 年 4 月 25 日）。

②　赵华胜：《后阿富汗时代的美国中亚外交展望》，2014 年第 2 期，第 82 ~ 145 页。

③　《美军关闭吉尔吉斯斯坦玛纳斯空军基地系美在中亚最大军事基地》ht-tp://www. guancha. cn/Neighbors/2014_06_04_234717. shtml. （上网时间：2015 年 5 月 16 日）。

着马纳斯基地的命运，美国、吉尔吉斯斯坦、俄罗斯进行了旷日持久的幕后博弈。随着马纳斯转运中心关闭，美国在中亚再无基地。美国从阿富汗撤军后，美国在这一地区发挥的影响力有所减少，在反恐、禁毒等诸多议程上美国需要寻求与中俄两国合作，上海合作组织的外部影响因素因美国撤军阿富汗将逐步减弱。2017 年 8 月 21 日，美国总统特朗普在弗吉尼亚州迈尔堡军事基地发表电视讲话，公布了阿富汗新战略。强调放宽战略视野，将对阿战略纳入到美国对南亚战略框架下；突出反恐重点，明确表示美国在阿富汗的任务不是国家重建，也不会移植美式民主；以具体形势决定军事战略，不预设撤军时间表，同时对一线作战人员扩大授权范围；强调责任共担的理念，要求美国的盟友增派部队和支出。

第五，上海合作组织扩员进程启动，机制化建设成功推进。作为对外开放的地区性国际组织，上海合作组织由于自身机制建设不断完善，对吸收新成员国的规则和章程呼声逐渐升高，加之近年欧亚地区形势复杂变化带来的压力，上海合作组织将发展新成员的工作列入元首会晤的主要议程中。2017 年 6 月，印度和巴基斯坦以正式成员国的身份加入组织。2018 年 6 月，扩员后的上合组织在青岛成功召开了首次峰会，共同总结过去，规划未来。近年来，每年都有不同国家申请加入上海合作组织，相关国家申请加入组织是上合国际影响力和吸引力不断上升的体现，同时扩员也是上合组织走向成熟的一个标志。① 上海合作组织机制化进程不断向前迈进，已经形成了较为完善的人员会晤机制、经济能源合作机制、反恐机制、人文机制。扩员进程的启动，也是上海合作组织自身内部机制化进程向前迈出一大步的具体体现。

总之，上海合作组织的发展模式和未来前景关系到成员国经

---

① ШОС подошла к расширению，http：//www. kommersant. ru/doc/2684490. （上网时间：2017 年 7 月 29 日）。

济的发展，也关系到中亚地区的稳定及其在国际事务中的作用，深刻影响着中俄关系，并与中国和平发展、中亚整体区域经济实力提升紧密相关。展望未来，虽然上海合作组织的未来发展还要面对内外因素造成的诸多困难，但是只要各成员国、伙伴国、观察员国齐心协力，以维护地区安全稳定为己任，持久和平、共同发展繁荣的目标就一定可以实现。

第二章

中俄双引擎的优势与问题

中俄关系是世界上最为重要的双边关系之一。中俄两国幅员辽阔，彼此交往历史悠久，并有着漫长的陆地边界，处理好中俄关系对于上海合作组织来说至关重要。近年来，两国领导人多次在不同场合表示，中俄两国关系处在历史最好时期，中俄关系的发展已成为冷战后新型大国关系的典范。从冷战后的实践来看，上海合作组织的发展与中俄伙伴关系的发展是同步的。上海合作组织既是中俄关系发展成熟的产物，同时也为中俄关系的发展提供了多边支撑，促进了两国关系的长期健康稳定发展。

一、中俄战略协作伙伴关系的建立

冷战时代，中苏两国是西方主导国际关系体系的挑战者，在国际关系领域力图对西方主导的国际关系体系进行根本上的改变。尽管在中苏论战过程中，两党在"暴力革命"还是"和平过渡"问题上存在分歧，但是目标是一致的。冷战结束后，中俄两国在实践中对自身的国际身份做了调整，对于当代国际体系来说，两国共同目标是"融入"和"参与"。在这一过程中，中俄两国认识到双方目标一致，成为"战略协作伙伴"。

1992 年 12 月，叶利钦访华，中俄宣布"相互视为友好国家",标志着中苏关系顺利过渡到中俄关系。1994 年 9 月,应叶利钦总统的邀请,江泽民主席对俄罗斯进行了访问。这是苏联解体后,中国国家元首第一次正式访俄。此访的主要目的是,从面向 21 世纪的战略高度,共同探讨进一步发展两国睦邻友好关系的途径。在会谈中,江泽民主席表示,中俄都是大国,又是邻国,有 4 000 多公里的共同边界,没有理由不把我们的关系提高到更高水平。关于中国的外交思路,江主席表示中国今后不会以意识形态为基础发展对外关系,也不愿搞结盟和对抗。他指出,经历了几十年的风风雨雨之后,我们两国的关系逐步走向成熟。我们的历史使命就是从战略高度看待和处理两国关系,把两国睦邻友好关系精心培育和发展下去,带入下一个世纪,传给我们的子孙后代。① 这次访问十分成功,双方签署了《中俄联合声明》《中俄两国首脑关于不将本国战略武器瞄准对方的联合声明》和《中俄国界西段协定》等重要文件。两国领导人宣布,中俄两国已具有"新型的建设性伙伴关系",即不对抗、不结盟,建立在和平共处五项原则基础上的长期、稳定的睦邻友好和互利合作关系。双方关于互不首先使用核武器、互不把战略导弹瞄准对方的声明,象征两国已彻底结束了冷战时的敌对状态,相互信任正进一步增强。

从 1992 年中俄"相互视为友好国家",到 1994 年确认两国"新型的建设性伙伴关系",直至 1996 年宣布发展"战略协作伙伴关系"。四年内,两国关系上了三个台阶。"战略协作伙伴关系"的特征是目标长远和内涵广阔。两国要在平等互利基础上加强各个领域的长期合作,包括经济、政治、军事、科技、文化和其他领域的合作。中俄"战略协作伙伴关系"的建立,体现了冷战后中俄两国外交的巨大变化。

中俄结成战略协作伙伴以后,两国关系继续不断发展,在共

① 钟之成:《为了世界更美好》,世界知识出版社 2007 年版,第 55 页。

同关心的国际问题上协作日益密切。1997 年 11 月，叶利钦总统访华，中俄两国领导人发表了《中俄关于世界多极化和建立国际新秩序的联合声明》。1998 年 11 月，江泽民主席访俄，两国领导人发表了《关于世纪之交的中俄关系的联合声明》和《关于中俄国界问题的联合声明》。1999 年 12 月，叶利钦总统访华，两国领导人在联合声明中进一步强调，在《联合国宪章》和现行国际法准则的基础上推动建立多极世界，加强联合国在国际事务中的主导地位，以政治方式和平解决国际争端，国际社会的所有成员应平等相待并享有同等安全，相互尊重对方的发展道路和选择，相互尊重主权，互不干涉内政，建立公正、平等及互利的国际政治经济秩序。2001 年 7 月普京总统首次访华，两国领导人发表《北京宣言》和《关于反导问题的联合声明》。《北京宣言》宣布，中俄将继续保持两国领导人之间的密切接触和经常交往，以多种方式就双边关系和国际形势的重大问题交换意见。2001 年 7 月江泽民主席访问俄罗斯，与普京总统发表《中俄元首莫斯科联合声明》，并于 7 月 16 日签署《中俄睦邻友好合作条约》。条约将中俄两国"战略协作伙伴关系"以法律的形式确定下来，以"世代友好、永不为敌"为核心把两国关系推向了一个新的高度。普京认为，中俄战略协作伙伴关系彻底消除了彼此的领土要求，使中俄在国际事务中协调一致。① 2002 年 5 月 30 日，普京总统在接受《人民日报》社长许中田采访时表示，俄罗斯"与中国向世界提供了国家关系的新模式，其中要把自觉不结盟和协调努力维护共同利益结合起来。这个关系的模式规定，伙伴之间的关系平等，本着相互信任的精神来解决一切问题，这就是俄罗斯与中国在冷战结束之后对于建立新型的多极化国际秩

---

① Vladimir Putin, "Rossiya: Novye Vostochnyye Perspectivy," *Nezavisimaya Gazeta*, 14 November 2000.

序的巨大贡献"。① 2011 年 6 月，中俄元首莫斯科会晤时，将两国关系提升为"全面战略协作伙伴关系"，这一举措使中俄战略协作伙伴关系再上一层楼。2014 年 5 月，中俄共同签署了《关于全面战略协作伙伴关系新阶段的联合声明》，中俄两国全面战略协作伙伴关系进入了新阶段。2016 年 6 月，中俄两国签署了《关于加强全球战略稳定的联合声明》，2017 年 7 月两国元首签署并发表《中俄关于当前世界形势和重大国际问题的联合声明》，都表明了加强全球战略稳定和相互协调的决心。

二、中俄战略协作伙伴关系的深化

在中俄关系发展的进程中，1996 年中俄"面向 21 世纪战略协作伙伴关系的建立"和 2001 年《中俄睦邻友好合作条约》的签订是其中最重要的时间节点，与此对应 1996 年"上海五国"机制建立，2001 年上海合作组织正式成立。这都也印证了中俄关系深化与上海合作组织发展的同步性。

（一）中俄军事互信的建立及其影响

中俄关系的历史有结盟合作，也有对抗和对峙，影响中俄关系的深层因素是国家之间、民众之间缺乏理解和信任，其中缺乏军事互信问题尤为突出。20 世纪 90 年代中期以后，随着欧亚形势的变化，迫切需要中俄两国在地区事务上开展合作。

1. 中俄军事领域信任的初步建立

1989 年 5 月戈尔巴乔夫访华，中苏实现了关系正常化；1990年 4 月中苏达成《关于国界地区减少驻军和建立信任的协定》；

---

① 袁胜育：《纵横捭阖——俄罗斯外交新战略》，重庆出版社 2007 年版，第92 页。

1991年5月中苏就东段边界达成协议。1992年1月，中俄两国领导人在纽约会晤后，双方军事交流随之拉开了序幕。

1992年2月底，独联体武装力量总参谋长萨姆索诺夫上将访问中国。5月初，中国人民解放军总后勤部部长赵南起上将访问俄罗斯。8月下旬，中国国防部部长秦基伟上将访问俄罗斯。随着两国军方高层信任的增加，从3月至11月中俄双方在北京顺利进行了三轮有关削减边境军事力量和加强军事信任的谈判。1992年12月叶利钦总统访华，中俄双方签署了以"睦邻"和"互利"为基础的《关于中华人民共和国与俄罗斯联邦相互关系的联合声明》和《两国政府间在彼此削减边界地区武装力量和加强军事领域信任问题上的相互谅解备忘录》（以下简称《备忘录》）。《备忘录》明确提出两国在1994年底前达成两国政府间协议，并根据协议将两国军事力量削减到与两国关系相适应的最低水平，使边境地区军队只具有防御性质。俄罗斯方面表示，这项文件的签署"朝着结束我们两国边界地区军事对峙状态迈出了决定性的一步"，[1]也标志着双方军事信任关系的初步建立。根据《备忘录》精神，1993年底俄罗斯从蒙古国全部撤出了军队。此外，通过俄罗斯的协调，中国与哈萨克斯坦、吉尔吉斯斯坦、塔吉克斯坦通过4（俄罗斯与中亚三国）+1（中国）模式，也开始就裁军和划界问题进行谈判。

2. 中俄军事领域信任的提升

从1993年到1996年，中俄两军交往的层次和频率不断提高。中国中央军委副主席刘华清上将、国防部长迟浩田上将、总参谋长张万年上将、海军上将张连仲上将、总参谋长傅全有上将等中国军方主要领导人先后访俄；俄罗斯国防部长格拉乔夫大

---

① ［俄］维克多·利托夫：《俄中边界10年前就已成为一条安全的边界线》，俄罗斯新闻社2002年12月18日。转引自栾景河主编：《中俄关系的历史与现实》，河南大学出版社2004年版，第724页。

将、空军总司令杰伊涅金上将、俄罗斯武装力量总参谋长科列斯尼夫上将、列宁格勒军区司令谢列兹尼奥夫上将、海军第一副司令员卡萨托诺夫上将、边防军司令尼古拉耶夫上将、海军司令员格罗莫夫上将等俄罗斯军方重要领导人也访问了中国。其间，中俄两国海军舰队还实现了互访。军事交流的增加促进了双方军事领域信任的进一步提升。

随着交流的增加，中俄两国签署了有关加强军事合作、增进相互信任的大量协议。1993 年两国签署了国防部合作协议，声明互不首先使用核武器，互不把战略核武器瞄准对方，彻底结束了"敌对状态"。[①] 1994 年 7 月，中国国防部长迟浩田访俄期间双方签署了《中俄预防危险军事活动协定》。同年 9 月，江泽民主席访俄发表《中俄联合声明》特别提出，"始终遵循互不将战略核武器瞄准对方和互不使用武力，特别是互不首先使用核武器的义务；继续和扩大不针对第三国的交流与合作，这种交流与合作是根据各方的有关政策及其国际义务，以及地区和全球稳定与安全的利益进行的；努力加速制定边境地区相互裁减军事力量和加强军事领域信任的协定，在协定基础上，把边境地区的军事力量减少到同两国长期睦邻友好关系相适应的最低水平，使保留在边境地区的军队只具有防御性。"[②] 首次以公开文件形式开启了军事合作的大门。1995 年 8 月，中国国防部与俄罗斯边防总局签署了《中俄边防军合作协议》，随后俄罗斯太平洋边防军区与中国黑龙江省军区、省公安厅边防管理局签署了有关合作协议书。1996 年 4 月发表的《中俄联合声明》进一步提出，"双方表示，将继续努力尽快制定在边境地区相互裁减军事力量的协定。裁减后保留的部队将只具有防御性质。双方表示愿意进一步发展两国军队之间在各个级别上的友好交往，在平等、互利的基础上

---

① 参见石泽：《新时期的中俄关系》，载于《国际问题研究》1996 年第 2 期。
② 《人民日报》，1994 年 9 月 5 日。

并考虑两国承担的国际义务进一步加强军技合作。"① 1996 年 4 月，中俄及中亚的哈萨克斯坦、吉尔吉斯斯坦、塔吉克斯坦五国元首在上海签署《关于在边境地区加强军事领域信任协定》，提出在边境互不使用武力、限制军事演习规模、军事行动透明及加强军事交流等。在中俄两国的推动下，中亚地区多边合作被提上了日程。

3. 中俄军事交流的发展与中国中亚国家军事互信的增强

1996 年 4 月 26 日，中俄哈吉塔五国领导人在上海签署了《关于在边境地区加强军事领域信任协定》。协定不仅为中国与独联体 4 国间的双边和多边关系健康发展提供了政策保障，也由此启动了"上海五国"的会晤机制。1997 年 4 月，五国又在莫斯科签署《关于在边境地区相互裁减军事力量的协定》。这两个重要文件提出以平等、信任、协商、互利的原则，化解阻碍各国和地区发展的战争威胁因素，并通过五国元首联合声明的形式固定了下来，江泽民主席称之为"两个世纪交接点上最重要的世界大事件"。② 根据协定，中俄两国把边界军事力量削减到与两国关系相适应的最低水平，在边界线各自一侧 100 公里的陆军、空军和防空军总数不超过 13.04 万人。此后，随着边界问题的逐步解决，中俄两国在边境地区大规模裁军，正规作战部队撤至边境 300 公里的纵深地区，重要军事行动如演习等相互通报。③ 为了监督上述协议的执行，1999 年双方还成立了裁军联合监督小组。1994 年双方宣布互不首先使用核武器，战略武器互不瞄准对方。2009 年，中俄建立"弹道导弹发射相互通报"机制——《弹道导弹和商用舰载火箭发射通报协议》，标志着两国在军事与安全领域的信任进一步提升。

---

① 《人民日报》，1996 年 4 月 26 日。
②③ 于兴卫：《新时期中俄军事关系发展论述》，引自栾景河主编：《中俄关系的历史与现实》，河南大学出版社 2004 年版，第 724 页。

联合军事演习是反映国家军事合作水平和军事信任程度的重要指标。2002年8月，中俄两军在中国内蒙古就中俄边境地区进行通信联络演练，检验通信联络方式的可靠性，确保及时有效地预防双方在边境地区可能发生的危险军事活动，更好地保持两国边境地区的安全稳定。2003年8月，上海合作组织成员国中、俄、哈、吉、塔武装力量在哈萨克斯坦东部边境地区举行了联合反恐演习，这是中国军队首次参加多边联合反恐演习。2005年8月~2017年8月，在中俄两国先后举行了十几次"和平使命"联合军事演习。这些联合军事演习加强了中俄两军在防务安全领域的合作与协调，提高了中俄有效应对新挑战、新威胁的能力，反映出两国、两军务实合作不断发展。

总体而言，中俄的军事合作包含三个层次，一是旨在进一步增进军事互信和加强战略协调的军事—政治合作；二是联合训练、演习等军事—实践合作；三是武器销售和技术转让等军事—技术合作。需要指出，1989年以后，西方国家对中国实行武器禁运，而俄罗斯经历了国家剧变后的巨大"阵痛"。对华军售不仅在俄罗斯经济最困难的时候挽救了其庞大的军工联合体，而且促进了中国军事现代化。尽管有人认为"俄罗斯的主要目的就是卖武器"[1]，随着2007年以后俄罗斯对华武器出口开始大幅下降，而中俄两国的军事合作持续发展，表明在军事合作的三个层次中军事互信才是最重要的。军事合作是中俄之间实现互利双赢的典型例证（见图2-1）。[2]

---

[1]　Peter Finn, "Chinese, Russian Militaries to Hold First Joint Drills: Alliance May Extend to Arms Sales," *Washington Post*, 15 August 2005.

[2]　2018年9月11日至13日，俄罗斯"东方-2018"联合军演在俄罗斯楚戈尔草原举行。俄军参演兵力达到30万人，受邀参演的中方部队参演兵力3 200人。俄方媒体普遍评价，此次军演标志着中俄联合军演级别达到了一个历史新高。

（百万美元）

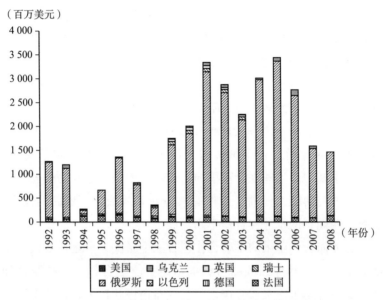

图 2-1　中国武器进口来源情况（1992~2008 年）

资料来源：SPIRI Arms Transfers Database，May 2011，Database of SIPRI，see，http：//sipri. org.

（二）中俄边界问题的彻底解决

边界问题过去 300 多年来一直是困扰中俄关系的外交难题，1969 年中苏之间还曾发生过边界冲突，如何妥善处理边界矛盾是中俄关系长期稳定发展的关键。

1986 年 7 月 28 日，戈尔巴乔夫在海参崴发表重要讲话，表示苏联将从阿富汗和蒙古国部分撤军，可以按照主航道划分中苏界河上的边界线，并愿意同中方在任何级别上讨论两国关系问题。中方对此做出了积极反应。由于中苏双方都有改善关系的良好愿望，两国国内也具备改善关系的基础，1986 年 9 月两国外长在纽约会见时就恢复边界谈判达成协议。[①] 中苏边界谈判于 1987 年 2 月在莫斯科恢复，这是 1964 年、1969 年之后中苏第三次就边界问题的谈判。在此过程中，中苏两国实现了关系的正常化，实现了从中苏到中俄关系的平稳过渡和发展。边界谈判与两国关系的发展相辅相成，最终全面彻底解决了边界问题。

在中苏关系正常化的进程中，两国边界谈判也进展顺利。中国需要为国家的经济建设创造和平的外部环境，苏联为摆脱国家的内政外交困难，也需要中苏边境的稳定，因此双方都采取了务实的态度。在首轮会谈中苏双方即口头同意 1964 年双方谈好的条件继续有效。1987 年 8 月，中苏双方在北京继续会谈，苏方同意以有关河流主航道中心线为界，其中包括抚远三角洲，这是苏方首次同意黑瞎子岛问题可以讨论。中苏边界谈判开始进入快车道。

经过三轮政府代表团一级和两轮专家组谈判，1988 年 10 月双方已基本解决了中苏边界东段问题。1991 年双方签署了《中苏国界东段协定》及其附图；1994 年又签署了《中俄国界西段协定》及其附图，全线以阿尔泰山分水岭为界。

为了避免边界问题成为两国关系发展的障碍，2001 年 7 月江泽民主席访俄，两国元首在莫斯科会晤达成共识，责成两国外交部部长在一年内解决剩余边界问题。同时，在双方签署的《中俄睦临友好合作条约》中第六条规定："缔约双方满意地指出，相互没有领土要求，决心并积极致力于将两国边界建设成为永久和平、世代友好的边界。缔约双方遵循领土和国界不可侵犯的国际法原则，严格遵守两国间的国界。缔约双方根据一九九一年五月十六日《中华人民共和国和苏维埃社会主义共和国联盟关于中

---

① 参见李凤林：《中苏边界谈判亲历记》，载于《中共党史资料》2003 年第 4 期，第 32 页。

苏国界东段的协定》继续就解决中俄尚未协商一致地段的边界线走向问题进行谈判。在这些问题解决之前，双方在两国边界尚未协商一致的地段维持现状。"2001 年 9 月，在朱镕基总理访俄时，两国外长就解决剩余边界问题的原则达成一致，即"平等协商，互谅互让，互相妥协"，并以书面形式加以确认。2002 年 4 月，两国外长进一步达成共识，表示要以"均衡、灵活"为原则来解决这两块剩余地区的划界问题。2003 年 2 月，两国外长签署平分两块地区的备忘录。2004 年 10 月，普京总统访华，中俄双方签署了《中俄关于中俄国界东段的补充协定》。2005 年 6 月 2 日，中俄两国外长互换了《中俄关于中俄国界东段的补充协定》批准书，这标志着中俄边界线已经最终全部确定。

中俄边界问题的解决具有重要的历史意义，它不仅是两国战略协作伙伴关系不断发展的重要成果，而且使中国威胁论的谣言不攻自破，对那些渲染"中国非法移民问题"的言论起到了釜底抽薪的作用。俄罗斯外长拉夫罗夫对此感触颇深，他说，"中俄边界问题的彻底解决表明，当国家关系上升到真正的伙伴关系水平时，任何问题，哪怕是最复杂、最敏感的问题都可以得到圆满解决。"①

（三）中俄经贸稳定发展和上海合作组织的建立

苏联解体后，尽管俄罗斯国内政局动荡，经济面临危机，但中俄之间的经济合作却有很大发展。

第一，双边贸易得到了迅速发展。1991 年中国对苏联国家进出口贸易总额为 39.04 亿美元，而 1992 年中俄贸易总额达 58.6 亿美元，其中俄罗斯对中国的出口额为 35.3 亿美元，从中

---

① ［俄］阿·马卡洛夫：《300 年的争端划上句号》，载于［俄］《新消息报》，2004 年 10 月 16 日。

国的进口额为 23.3 亿美元，比 1991 年增长了 50%。[①] 除两国政府间的贸易外，还发起了地方贸易、民间贸易，交通设施得到了改善—黑河—布拉戈维申斯克在黑龙江上正架设公路桥，黑河至哈尔滨的铁路线、中国卡梅绍瓦亚的铁路也已修通，下列宁斯阔耶—同江铁路桥计划于 2019 年投入使用。这一切使中俄双方发展边境贸易的交通设施得到了根本改善，从而推动中俄边境经贸活动。目前，中国已经成为俄罗斯最大的贸易伙伴，在 2016 年全球经济增长乏力的大背景下，中俄双边的经贸合作亮点纷呈。双边贸易逆势增长。中俄双边贸易额达到 695 亿美元，比 2015年增长 2.2%，2017 年中俄双边贸易额达到 840 亿美元，达到了近三年来最高值（见图 2-2）。同时，中俄相互投资规模不断扩大，经济技术合作质量显著提高。

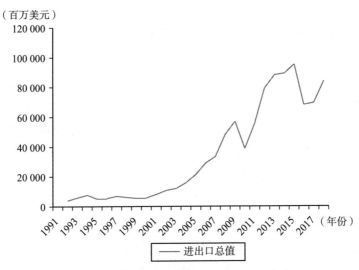

（百万美元）

图 2-2　中俄双边贸易额（1991~2017 年）

---

① 张爱珠：《中俄经济合作的现状与展望》，载于《国际观察》1994 年第 6 期，第 27 页。

第二，金融合作不断深入。打造"强势卢布"是俄罗斯实施强国战略中的重要组成部分，人民币国际化也是中国未来改革的重要目标，中俄两国在国际金融改革方面具有共识。2005年1月1日中俄边境贸易正式启用卢布和人民币结算的办法。2008年10月举行的中俄总理定期会晤签署了一系列金融领域的合作协议，其中包括俄罗斯银行在香港上市，将中俄金融领域的合作又向前推进了一步。2010年11月，中俄两国总理会晤签署了1992年《中俄政府间经贸关系协定》的补充议定书，规定双边贸易支付和结算既可使用可自由兑换货币，也可以使用两国本币，为中俄本币结算扩大到两国一般贸易创造了条件。同年11月22日，中国银行间外汇市场实现了人民币和卢布挂牌交易，俄方也于12月16日在莫斯科银行间外汇交易开展两国本币业务，这极大地方便了双边贸易往来，也体现了两国在国际金融领域的协调不断增强。2016年以来，中俄贸易人民币结算额猛增，中国进口俄罗斯石油也以人民币结算，大大方便了双方的经贸往来。

第三，成立上海合作组织，以多边形式发展经贸合作。随着中俄战略协作伙伴关系的建立，如何通过多边方式，进一步寻找推动双边关系发展的新契机和动力，成为中俄合作的新领域。2001年6月，中俄哈吉塔"上海五国"元首在上海举行第六次会晤，乌兹别克斯坦以完全平等的身份加入，六国元首举行了首次会晤，并签署了《上海合作组织成立宣言》，上海合作组织正式成立。中俄合作开始具有了新的多边框架。经济合作是上海合作组织的重点领域，同时也是消除地区安全隐患的根本保证。2001年9月14日，上海合作组织成员国总理在阿拉木图举行了首次会议，讨论区域经济合作问题，并签署了《上海合作组织成员国政府间关于区域经济合作的基本目标和方向及启动贸易和投资便利化进程的备忘录》。2002年，六国建立起经贸部长和交通部长会议机制，贸易和投资便利化进程开始启动，交通、能源等领域的合作也逐渐开展。2003 年 9 月 23 日，六国总理在北京举行第二次会议，通过了《上海合作组织成员国多边经贸合作纲要》，明确规定了六国经贸合作的优先领域、主要任务及实施机制，上海合作组织区域经济合作开始步入正轨。2008 年爆发的全球金融危机给上海合作组织成员国带来了严重的冲击。中俄两国采取了积极负责的态度协助成员国应对危机。2009 年初，俄罗斯分别向哈塔两国投资 30 亿美元和 8 000 万美元，中国则以"贷款换石油"方式分别向俄哈两国贷款 250 亿美元和 100 亿美元，以"贷款换合作"形式向塔吉克斯坦贷款 10 亿美元，向吉尔吉斯斯坦提供 2 亿美元优惠贷款和 8 000 万元人民币无偿援助。特别是中国政府决定向上合框架内多边和双边经济技术合作项目提供 100 亿美元的信贷支持，成为成员国尽快摆脱危机影响的重要保障。2009 年中国与上合组织其他成员国间贸易额达到 868 亿美元，比 2001 年增长了 7.2 倍。[1] 2015 年，中国同其他成员国贸易总额，是上海合作组织成立之初的 7 倍以上。上海合作组织不断加强利益融合，形成了你中有我、我中有你的利益共同体（见图 2 - 3）。[2]

　　第四，能源合作不断深入，中俄经济合作向战略层面发展。随着中国经济的发展，能源需求不断扩大；俄罗斯不仅自身是世界上重要的能源出口国，而且在中亚的油气生产和输送网络中具有重要影响力。因此，能源合作有益于改善中国和俄罗斯的石油进出口战略布局，同时也有益于世界能源供求关系的基本稳定。1997 ~ 2008 年期间，中国石油需求增长占到了世界需求增长的 1/3；而与此同时，俄罗斯一国石油增产的幅度就达到了世界石

---

　　① 《我国与上合组织其他成员国间贸易额 8 年增长 7 倍》，新华网，www. xin-huanet. com.（上网时间：2009 年 10 月 14 日）。

　　② 《习近平在上海合作组织成员国元首理事会第十六次会议上的讲话（全文）》http://news. xinhuanet. com/world/2016 - 06/24/c _ 1119108815. htm.（上网时间：2017 年 11 月 5 日）。

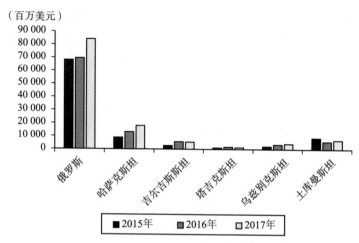

图 2-3　中国与上海合作组织成员国的贸易额

资料来源：http：//www. chinacustomsstat. com/aspx/1/NewData/Stat _ Data. aspx?
state＝1&next＝3&year＝2017。

油供应增长的40％，超过了中国需求的增幅①。此外，在上海合
作组织框架下，从2006年起，俄罗斯每年通过铁路向中国出口
石油1 500万吨；2006年5月26日，中哈石油管道正式向中国
输油；2009年12月15日，中国—中亚天然气管道途经乌兹别克
斯坦和哈萨克斯坦，已正式通气；2011年1月1日中俄石油管道
正式启用。中俄石油管道的建成标志中俄能源合作又上了一个新
台阶，它不仅符合中国获得稳定能源供应的需要，也符合俄罗斯
发展"东西方平衡的能源战略"的客观要求。俄罗斯科学院远
东研究所副所长谢尔盖·卢贾宁认为，"随着中俄原油管道开通，
中国将成为俄罗斯向亚洲出口能源的通道。因为中国不仅是消费
方，还是转口商。对俄罗斯来说，中国是运输方、消费方，也是
贷款提供方。中方向俄罗斯石油公司和俄罗斯管道运输公司提供

① BP *Statistical Review of World Energy*，2008，2009，2010. Available at www.
bp. com.（上网时间：2015年8月5日）。

了总额 200 亿美元的长期贷款。"① 从经贸合作的角度看，中俄原油管道建成投运，将会为两国贸易每年增加 80 亿美元，有利于两国原油贸易多元化，加强了经济互信，巩固了两国战略协作伙伴关系的经济基础。2017 年 12 月 8 日，中俄能源合作重大项目——亚马尔液化天然气项目正式投产，这一项目是中国提出"一带一路"倡议后实施的首个海外特大型项目。亚马尔液化天然气项目是目前全球在北极地区开展的最大型液化天然气工程，被誉为"镶嵌在北极圈上的一颗能源明珠"。中石油与中国工商银行、国家开发银行和丝路基金，一共为该项目完成等值 190 亿美元国际融资，占比达 63%。能源合作的不断深入，标志着中俄关系不断创造出新的高度。

实践表明，走向成熟的中俄战略协作伙伴关系不仅有助于两国关系的发展稳定，而且还有助于在区域及全球层面上构筑一种公正、合理和民主的国际秩序。很显然，上海合作组织是中俄两国在对历史经验深刻反思与总结的基础上，联合本地区国家共同努力的产物，它为中俄两国关系的发展提供了新的框架和思路，反映了中俄互信的增强和外交观念的进步。

（四）中俄关系的未来

中俄关系 20 多年来的平稳发展得来不易，必须倍加珍惜。

近年来两国领导人高瞻远瞩地推动了中俄各领域信任的不断深入，在历史教科书等敏感问题上达成了共识，彻底解决了边界问题，为中俄关系的发展奠定了战略基础。近年来，中俄分别于2006 年和 2007 年、2009 年和 2010 年、2012 年和 2013 年互办国家年、语言年、旅游年，2014～2015 年举办青年友好交流年，2016～2017 年举办中俄媒体交流年，2018～2019 年举办中俄地方合作交流年，取得了良好的效果，中俄两国民众彼此认知的好

---

① 《中俄原油管道正式运行》，载于《新京报》2011 年 1 月 2 日。

感度不断上升。

当今世界处在大变革、大调整时期，中俄两国都面临国内发展的重要任务，为了更好地在国际事务中携手合作，巩固和增进信任仍然是未来中俄关系中不可松懈的任务。上合组织内中俄协调立场，这关系到上合组织的存在基础。围绕上海合作组织的未来前景，中俄关系中的结构性问题值得我们继续予以关注。

在政治安全领域，俄罗斯大力推动上海合作组织扩员。从某种意义上说，上海合作组织是依靠集体一致原则建立起来的新型国际组织，内部机制完善是上海合作组织的主要任务。中国主张在维护地区安全的同时，加快地区经贸的融合；俄罗斯则更愿意将政治融合和安全稳定放在优先地位。

在经济合作方面，中俄协调任重道远。上海合作组织乌法峰会提出加速上海合作组织发展基金和开发银行进程。2015 年 5 月，中俄签署《关于丝绸之路经济带建设和欧亚经济联盟建设对接合作的联合声明》（以下简称《声明》），提出将丝绸之路经济带建设和欧亚经济联盟建设相对接，确保地区经济持续稳定增长，通过双边和多边机制，特别是上海合作组织平台开展合作，加强区域经济一体化，维护地区和平与发展。《声明》还提出研究通过丝路基金、亚洲基础设施投资银行、上海合作组织银联体等金融机构，加强金融合作以及推动建立中国与欧亚经济联盟自贸区。西方就乌克兰问题对俄罗斯持续不断的制裁无形中促使了中俄之间合作步伐的加快及合作领域的扩大。"一带一路"不是实体组织，而是可伸缩的经贸合作网络，欧亚经济联盟则是实体机构，如何相互适应是一大难题；一带一路涵盖多个不同类型的经济体，而欧亚经济联盟成员具有相近的基础，如何处理二者关系——从属关系还是平等合作——是一大挑战；一带一路利用三大金融平台进行投资且不设统一货币，欧亚经济联盟则提出建立统一货币，如何确保二者金融政策协调是一大考验。

必须看到，尽管战略、安全、经济利益上的矛盾客观存在，然而中俄全面战略协作伙伴关系这一性质决定了中俄在中亚没有竞争的主观动机。① 双方不仅享受着避免腹背受敌的战略安全好处，而且共同战略利益正从双边交界地带和中亚向两侧扩展。② 随着近年来，中俄关系的稳定发展，有理由相信双方能够妥善处理分歧，实现上海合作组织的平稳发展。

---

① 王郦久：《俄"欧亚联盟"战略及其对中俄关系的影响》，载于《现代国际关系》2012 年 4 月，第 36 页。
② 阎学通：《俄罗斯可靠吗?》，载于《国际经济评论》2012 年 3 月，第 21～25 页。

第三章

大国平衡与中亚
国家的选择[①]

中亚地区具有独特的双重地缘属性——地缘桥梁和地缘屏障，中亚国家的外交政策正是建立在这一基础之上，既不倒向某一个大国，也不倒向某一类需求。"平衡"是中亚国家外交政策的主要特征。

一、中亚的双重地缘属性

（一）作为地缘桥梁的中亚

首先是地理和战略意义上的地缘桥梁。中亚地势以平原为主，西部为里海沿岸低地和土兰低地，北部为西伯利亚平原的延续，中部为哈萨克丘陵和低高原，只有东南一侧边缘有少量山地。这里不仅是欧亚大陆的几何中心，也是汇聚伊斯兰文明、华夏文明等多种文明的地缘重心。在古代，控制中亚就等于控制了丝绸之路以及相对于其他欧亚大陆帝国的战略优势；现代中亚紧

---

① 由于土库曼斯坦未加入上海合作组织，下文中所指的中亚国家是哈萨克斯坦、塔吉克斯坦、乌兹别克斯坦、吉尔吉斯斯坦四国。

邻中国、印度、俄罗斯、土耳其等新兴经济体，承接中东、东欧的安全态势，是欧亚互联互通的重要节点。在 1919 年出版的《民主的理想与现实》一书中，英国战略学家麦金德将"从西伯利亚冰冻、平坦的海岸一直到俾路支斯坦和波斯的海岸"之间的区域成为"大陆心脏地带"①。美国地缘战略学家布热津斯基将中亚描述为"一个政治上混乱但能源丰富的地区""它对欧亚大陆西部和东部的国家，以及最南部那个人口众多、有意谋求地区霸权的国家（即印度）来说都具有潜在的重大意义"②。

其次是政治与社会制度意义上的地缘桥梁。自独立以来，中亚国家一直坚持宗教与政权分开的世俗政治，民族主权国家观念成为了主导政治意识形态。例如，1991 年 12 月颁布的《哈萨克斯坦国家独立法》明确规定：哈萨克斯坦是民主的、非宗教国家。但从人口数量来看，绝大多数中亚人信仰伊斯兰教，中亚国家也曾借助伊斯兰教文化推动了民族身份构建和民族认同发展，在内政外交中也会表现其"伊斯兰属性"。例如，卡里莫夫宣誓就任总统时就将手同时放在《乌兹别克斯坦宪法》和《古兰经》上，并且在同沙特、土耳其、伊朗等国家交往中会突出中亚国家的"伊斯兰因素"。与高度世俗化的东亚邻国不同，中亚国家介于伊斯兰社会和世俗社会之间，是不同政治与社会制度之间的过渡带。

地缘桥梁的属性使中亚具有重要的战略价值。布热津斯基视中亚为地缘支轴，因为中亚所处的敏感地理位置及其潜在的脆弱状态会对地缘战略棋手行为造成影响。③ 1990 年，美国前国家情报委员会副主席富勒（Graham E. Fuller）在《外交政策》杂志中发表了题为《中亚崛起》（The Emergence of Central Asia）的文

---

① ［英］哈罗德·麦金德：《民主的理想与现实》，商务印书馆 1965 年版，第 73 页。

②③ ［美］兹比格纽·布热津斯基：《大棋局》，上海人民出版社 1998 年版。

章，警告美国必须谨慎应对中亚独立后可能出现的联通周边地区伊斯兰国家的战略趋势。[1] 富勒认为中亚对周边稳定具有深远的影响，温和稳定的中亚政权符合冷战后所有国家的利益。进入 21 世纪，中亚的地缘桥梁价值再次受到了关注。俄罗斯、美国、欧盟、中国、印度、土耳其等国相继提出中亚战略，一项共同的重要目标就是将中亚作为地缘政治枢纽和地缘经济通道的潜力转化为现实。[2]

（二）作为地缘屏障的中亚

中亚的地缘屏障属性至少体现在两方面。首先，中亚对其周边国家具有安全屏障的作用。历史上的中亚曾经起到了缓冲伊斯兰文明、儒家文明等多种文明、突厥文明与印度文明的作用，这些文明在中亚交汇的同时也形成了边界。19 世纪中叶，英俄大博弈在这里达到了白热状态，瓦罕走廊就是因此形成的英、俄战略隔离带。冷战后，中亚成为"三股势力"的一个过滤网以及

---

[1] See Graham E. Fuller, "The Emergence of Central Asia", *Foreign Policy*, No. 78, 1990, P. 78.

[2] 2005 年，美国学者斯塔尔（Starr）等人撰写《新丝绸之路计划》报告，首次明确提出中亚在美国对外战略中的地位和作用，即以中亚联结南亚次大陆的巴基斯坦和阿富汗，形成大中亚，再以此为基础建立欧亚丝绸之路。参见 S. Frederick Starr ed., *The New Silk Roads: Transport and Trade in Greater Central Asia*, Central, Washington DC: Asia – Caucasus Institute & Silk Road Studies Program, 2007。2011 年，俄罗斯也提出建立欧亚联盟，试图整合包括中亚国家在内的苏联地区市场，实现超国家联盟。2013 年，中国提出建设"建立丝绸之路经济带"倡议，将中亚纳入经贸交流合作的构想之中。欧盟委员会于 2019 年 5 月 15 日发布了题为《欧盟与中亚：打造更加坚实的伙伴关系的新机遇》（*The EU and Central Asia: New Opportunities for a Stronger Partnership*）的文件。该文件已经欧盟理事会与欧洲议会审议通过，并在 2019 年 7 月的第十五届欧盟与中亚国家外长会议上被正式提交给中亚国家的代表。新的欧盟中亚战略的目标是与中亚国家建立更加坚实、现代与开放的伙伴关系，并把中亚地区打造成一个繁荣的、可持续的、具有弹性的与互联互通的政治经济空间。参见 European Commission, *Joint Communication to The European Parliament and The Council——The EU and Central Asia: New Opportunities for a Stronger Partnership*, Brussels, May 15, 2019。关于其他国家的中亚战略，参见苏春雨：《土耳其中亚战略与"丝绸之路经济带"建设》，载于《亚非纵横》2015 年第 1 期；吴兆礼：《印度"连接中亚政策"：推进路径与成效》，载于《国际问题研究》2019 年第 6 期。

俄罗斯建立欧亚联盟、缓冲西方遏制的战略腹地。其次，中亚是欧亚经济合作的一道屏障。中亚国家尚未完全进入全球市场，是为数不多被隔离在经济全球化之外的内陆封闭区域。除哈萨克斯坦外，其他中亚国家的经济规模和对外贸易总额远远低于周边的东亚、东南亚、欧盟以及中东地区。尽管吉尔吉斯斯坦（1998）、塔吉克斯坦（2013）、哈萨克斯坦（2015）成功加入了世界贸易组织，但乌兹别克斯坦仍然游离在国际贸易机制之外。根据美国传统基金会研究统计，中亚国家在全球经济自由指数中的排名只有哈萨克斯坦处于较为领先位置（居世界第41位），塔吉克斯坦和乌兹别克斯坦均位列100位以后。[①] 高昂的通关成本、缓慢的物流运输、能源资源和农产品为主的出口以及尚未同国际接轨的监管体制等因素使中亚整体上仍然处于全球贸易体系的边缘。

　　地缘桥梁和地缘屏障的双重属性影响了大国在中亚的战略利益目标。在安全层面，中亚首先是中俄的风险隔离带，起着阻断中东地区冲突和三股势力威胁的作用。中俄希望中亚地区秩序和内政稳定，反对政治动乱和"颜色"革命。在经济层面，俄罗斯将中亚视为欧亚联盟的关键区域，希望中亚同独联体和俄罗斯的联系更紧密。但对中国而言，将中亚和东亚、欧洲市场联结起来，发挥中亚能源基地和交通枢纽的功能是"一带一路"建设的重要目标；发展地区贸易，增进中亚国家与中国西部的经贸往来，也是重要目标之一。苏联解体后，美国主要就民主、能源和安全等议题同中亚国家展开合作希望中亚国家减少对中俄的依赖；在阿富汗问题上，美国希望加强同中亚国家合作来维系美国撤军后的阿富汗国

---

　　① "美国传统基金会评出中亚五国全球经济自由度排名"，中国驻吉尔吉斯斯坦共和国大使馆经济商务参赞处网站，2018 年 2 月 6 日，kg. mofcom. gov. cn/article/ddgk/201802/20180202709042. shtml. （上网时间：2018 年 11 月 2 日）。

内秩序。因此相比中俄，现阶段的美国更注重中亚的地缘政治价值。

二、中亚国家的外交政策

双重地缘属性不仅使大国在中亚的利益复杂化，也令中亚国家难以推行一边倒的外交战略。一方面，中亚是未开垦的处女地，又毗邻中、印、俄、东盟、阿盟等众多经济体，地理优势足以引起外部资本的兴趣；另一方面，将中亚和欧亚大陆、南亚、东南亚和阿拉伯半岛联通可能会令中亚成为地区冲突的传播中枢，这是国家治理基础尚薄弱的中亚四国极力避免的。改变封闭的地区现状与维持政治安全秩序之间存在着巨大的张力，因此，无论是国内发展战略，还是对外关系，中亚国家都在寻求"平衡主义"。

一般而言，小国实施"大国平衡外交"的方式包括对冲（hedging）、疏远（distancing）和左右逢源（gaining favor from both sides）。对冲政策侧重平衡小国对特定大国的政策的收益和风险，既寻求追随某个大国，又强调采取其他措施避免过度追随带来的风险。对冲政策有时也意味着一国为"避免因偏袒一方而失去另一方"所采取的中间立场（middle ground）[1]。对冲既有接受大国权力的一面，也有拒止大国权力的一面；当小国采取防范措施以缓解不确定性带来的风险时，它们也试图通过对同一大国展示局部的服从，或者在某些领域与之建立更为密切的联系，来抵消这些后备措施可能产生的不利影响；这一过程会循环往复，

---

[1] See Goh, Meeting the China Challenge, p. Viii; See also David Kang, *China Rising: Peace, Power, and Order in East Asia*, New York: Columbia University Press, 2007, p. 53.

周而复始地出现。① 疏远政策主要是指小国主动对大国保持距离，即通过某些具体措施拉开与某个大国的关系的做法，包括等距疏远和非等距疏远；推行疏远政策的原因包括负面的过往互动经验、避免受大国控制、对大国的负面评估、内向化的发展战略以及对本国承压能力的担忧等。左右逢源政策是指积极主动地寻求同两个或以上的大国（特别是存在竞争或对立关系的大国）建立合作关系，强调同各大国保持程度相近的友好关系，以及应对大国时使用更灵活的手段，包括二元平衡和多元平衡。中亚国家都具有在不同大国间寻求（不同程度的）"中间立场"和"风险平衡"的倾向，对冲政策是包括中亚国家在内的许多小国平衡外交的普遍措施；相较之下，疏远和左右逢源在中亚国家平衡外交中更具特色，因此以下将着重分析这两种平衡外交（见表3-1）。

表3-1　　　　　　　　　　平衡外交的分类

类型	变体	特点	方式
对冲	大国间对冲 议题间对冲	平衡收益与风险	增加备选
疏远	等距平衡 非等距平衡	主动拉开同大国的距离	限制同大国的密切合作
左右逢源	二元平衡 多元平衡	从两个或多个大国同时获益与多个大国建立友好关系	积极主动地寻求同大国合作

（一）多元平衡外交

多元平衡外交是指对外战略中，同时寻求与多个大国在多个领域和议题上进行合作。哈萨克斯坦外交属于积极主动的"多元

---

① 郭清水：《弱小国家如何对冲——以东盟国家对中国的定位选择》，引自高飞、李明江主编：《中国的大周边关系》，新加坡新世界出版公司2017年版，第208页。

平衡"。哈萨克斯坦将本国定位为推动东西方之间、西方与伊斯兰世界之间对话的桥梁，该国是亚信峰会和欧亚联盟等重要地区合作的倡议国，也是中亚五国中最具国际影响力的国家。

哈萨克斯坦对外关系分为三个层次：一是"优先方向"，即俄、中、美、欧，中亚独联体国家；二是"伙伴关系"，包括日、印、南亚、东南亚国家、中东和拉美国家；三是"多边合作"，即欧亚经济共同体、集体安全条约组织、上海合作组织、亚信会议、欧洲安全与合作组织（以下简称"欧安组织"）、伊斯兰会议组织等。苏联解体后，哈萨克斯坦开始积极发展同西方国家的关系。1993 年，欧盟开始实施"欧亚运输走廊"计划，目的是通过开发一条不经过俄罗斯的交通干线把欧洲和亚洲的交通网络连接起来。1994 年哈萨克斯坦加入北约"和平伙伴关系计划"，同北约成员国在军事演习、维和及危机管理方面建立了合作与磋商机制。此外，哈萨克斯坦还积极寻求建立新的地区安全合作机制。早在 1992 年第 47 届联合国大会上，总统纳扎尔巴耶夫就提出成立亚信合作机制，在亚洲大陆建立有效、综合的安全保障机制。10 年后，首届亚信峰会在阿拉木图召开。目前，亚信具有 26 个成员国和 13 个观察员国。[①] 2014 年 9 月，哈萨克斯坦正式加入欧亚经济联盟，总统纳扎尔巴耶夫声称启动该联盟代表着"21 世纪新的地缘经济现实诞生了"，但他同时表示哈萨克斯坦最宝贵的财富是主权独立，哈萨克斯坦绝不会屈服于任何

① 26 个亚信成员国为：中国、阿富汗、阿塞拜疆、埃及、印度、伊朗、以色列、哈萨克斯坦、吉尔吉斯斯坦、蒙古国、巴基斯坦、巴勒斯坦、俄罗斯、塔吉克斯坦、土耳其、乌兹别克斯坦、泰国（2004 年加入）、韩国（2006 年加入）、约旦（2008 年加入）、阿联酋（2008 年加入）、越南（2010 年 6 月峰会加入）、伊拉克（2010 年 6 月峰会加入）、巴林（2010 年 11 月 1 日默认程序加入）和柬埔寨（2011 年 2 月 28 日默认程序加入）。13 个观察员（国家或国际组织）：印度尼西亚、马来西亚、美国、卡塔尔、乌克兰、日本、孟加拉国、菲律宾（2010 年 11 月 1 日默认程序加入）、斯里兰卡（2013 年 5 月 24 日默认程序加入）以及联合国、欧安组织、阿拉伯国家联盟、突厥语国家议会大会（2012 年 7 月 31 日默认程序加入）卡塔尔（2014 年 5 月 19 日默认程序加入）、孟加拉国（2014 年 5 月 19 日默认程序加入）。

人也不会成为威胁哈国家独立的机构的一部分。①

在经济领域，哈萨克斯坦巧妙地利用自身的能源储备和地缘优势与中、俄、欧、美合作，确立了多元化的贸易和投资伙伴。中国是哈萨克斯坦第三大贸易伙伴国（仅次于俄罗斯和意大利），也是哈萨克斯坦第二大出口目的国（仅次于意大利）和进口来源国（仅次于俄罗斯）。② 哈萨克斯坦是"一带一路"倡议的重要支点，2014 年，纳扎尔巴耶夫总统发表了《光明大道——通往未来之路》的国情咨文，推出了旨在优化经济结构、推动经济持续发展的"光明大道"计划，利用本国的区位优势，建立连接中国西部与西欧的公路网络。③ 截至 2018 年底，中国对哈直接投资存量达 92.74 亿美元，较上年增长 6.1%，为该国第四大外资来源国。④ 在政治领域，哈萨克斯坦积极支持中国的对外发展战略，在独联体内维护俄罗斯的主导地位，同时不忘在欧安组织内推动与欧洲各国的合作与发展。在安全领域，哈萨克斯坦与中俄联手打击恐怖势力，维护地区安全，同时力求保持与欧美合作推动地区局势改善。无论区域内合作还是区域间合作，哈萨克斯坦通过左右逢源的"多元平衡"，为本国创造了良好的外部环境，促进了本国的经济发展和政治稳定。

吉尔吉斯斯坦和塔吉克斯坦的外交也属于多元平衡。吉尔吉斯斯坦的长期目标是形成上合组织国家和欧亚经济共同体内的统一大市场，具体政策包括：（1）促进区域合作，即加强同邻国

---

① "Kazakhstan is latest Russian neighbour to feel Putin's chilly nationalist rhetoric", *The Guardian*, 2014 - 09 - 01, http://www.theguardian.com/world/2014/sep/01/kazakhstan-russian-neighbour-putin-chilly-nationalist-rhetoric，（上网时间：2019 年 2 月 12 日）。

② 商务部：《对外投资合作国别（地区）指南——哈萨克斯坦》，2019 年版，第 36 页。

③ 苗壮：《哈萨克斯坦宣布"光明大道"新经济计划》，新华网，2014 年 11 月 12 日，http://world.people.com.cn/n/2014/1112/c157278 - 26007899.html.（上网时间：2018 年 6 月 20 日）。

④ 商务部：《对外投资合作国别（地区）指南——哈萨克斯坦》，2019 年版，第 36 页。

和地区机构之间的关系和合作；（2）加强大陆合作，即加深同俄、美、欧盟、中、日、土、印、巴等南亚和中东国家的关系；（3）推进全球合作，也就是积极参加联合国活动。① 吉尔吉斯斯坦通过出租军事基地获得大国的安全保障；另一方面通过多元平衡维持国家独立和经济收益。吉尔吉斯斯坦也强调积极参与国际和地区组织，并加强同这些组织，特别是同集体安全条约组织、上海合作组织、独联体国家和欧亚经济共同体的合作。塔吉克斯坦将巩固独立地位、维护国内稳定、争取外部经济援助作为外交中心任务。俄罗斯、美国、中国为该国外交的优先对象。塔吉克斯坦参加了联合国、欧安组织、上海合作组织、经济合作组织、伊斯兰会议组织等 30 多个国际和地区性组织，2002 年 2 月 20 日正式加入北约"和平伙伴关系"计划，建立了较多元化的对外关系网络。

尽管追求多元平衡，但是吉尔吉斯斯坦和塔吉克斯坦的"多元"程度和"积极"程度相对更低。与其他中亚国家相比，吉尔吉斯斯坦更偏向西方国家。该国第一任总统阿卡耶夫上台伊始就宣传要将吉尔吉斯斯坦建成自由民主开放的国家。阿卡耶夫在 1991 年 7 月的一次采访中明确表示他的首要任务就是促进民族团结，建立公民社会，使吉尔吉斯斯坦建立在法制基础之上，发展市场经济。② 阿卡耶夫的政策虽然推动了吉国内民主政治改革，但也带来了国内秩序动荡。2005 年 3 月，吉尔吉斯斯坦发生郁金香革命，反对派占领了政府大楼，阿卡耶夫被迫逃离首都比什凯克。塔吉克斯坦国内经济规模小，对外贸易和外资来源的结构较单一。2018 年，塔吉克斯坦的外贸总额为 42.23 亿美元，

---

① Joldosh Osmonov, "New Krgyz Foreign Policy Concept Passed", www. cacianalyst. org/publications/field-reports/item/11317 – field-reports-caci-analyst – 2007 – 1 – 24 – art – 11317. html? tmpl = component&print = 1. （上网时间：2018 年 11 月 4 日）。

② Graham E. Fuller, "*Central Asia: The New Geopolitics*", *RAND*, 1992, pp. 27 – 30.

与 5 个主要贸易伙伴国（俄、哈、中、土、乌）的贸易额占其贸易总额的 60%。[①] 截至 2018 年末，中国对塔吉克斯坦直接投资存量 19.45 亿美元，占塔吉克斯坦外资总额的 47.3%（来自俄罗斯的投资占 31.3%，第三大投资来源国是瑞士，占 6.8%）。[②]该国发展战略更内向保守，与该国建立联系的国际组织甚至少于吉尔吉斯斯坦。在这种背景下，该国多元平衡的积极性远低于哈萨克斯坦。

（二）等距平衡外交

等距平衡外交是指在对外战略中，虽然强调在大国之间保持平衡，但表现为同所有大国保持较疏远的关系，目的是尽可能减少外部因素对本国的影响，这种平衡外交的特点是保守封闭和内向。乌兹别克斯坦奉行的正是等距离平衡外交。该国是中亚领土面积最大、人口最多的国家也是中亚的地理中心；该国还是古察合台汗国所在地，具有独特的历史文化传统。理论上，乌兹别克斯坦应该发挥其地缘桥梁的功能。然而，卡里莫夫时期的乌兹别克斯坦与邻国缺乏实质性合作，其孤立主义政策助长了中亚国家间的互不信任。

独立以来，乌兹别克斯坦一直强调乌兹别克民族的悠久历史和独特地位，强调民族独立性，反对依赖外国势力。在经济上，卡里莫夫没有像大多数后苏联国家那样急于选择激进的"休克疗法"，而是选择温和地向市场经济过渡的渐进模式。在内政方面，卡里莫夫在执政期间一直将国家独立、主权完整以及安全稳定视作最为重要的头等大事。由于担心外部伊斯兰极端势力向乌渗透，卡里莫夫从建国之初便开始严厉打击宗教极端势力，甚至不

---

① 张真真：《2019 塔吉克斯坦国家发展报告》，引自孙力、肖斌、杨进主编：《中亚国家发展报告》，社会科学文献出版社 2020 年版，第 284 页。

② 商务部：《对外投资合作国别（地区）指南——塔吉克斯坦》，2019 年版，第 29~30 页。

惜采取关闭国界等措施。乌兹别克斯坦的"等距平衡外交"主要体现在以下方面:

首先,乌兹别克斯坦奉行不与任何大国势力亲近的外交政策。为了避免外来势力渗透,卡里莫夫执政期间,乌兹别克斯坦尽量避免与任何区域外大国过分亲近,无论是莫斯科还是华盛顿抑或北京,都别想"摇动这只船"①。在与俄、美、中等大国往来时,卡里莫夫坚持的原则是"不把鸡蛋放在一个篮子里"。②乌兹别克斯坦不仅拒绝参与俄主导的欧亚一体化,对于中国提出的自贸区倡议也十分谨慎。卡里莫夫的等距平衡外交不反对与区域外大国接触和来往,但是又竭力避免与大国过分亲近和深入交往;希望尽可能地利用大国矛盾,在各种力量之间寻求独立空间,以维护乌在中亚地区的特殊地位及其影响力。③

其次,乌兹别克斯坦强调"灵活进退"。在1996年乌议会通过的《对外政策活动的基本原则》中就明确规定,"乌兹别克斯坦有权加入国际合作组织或签订国际合作协议,也有权为国家和人民的利益、福祉和安全而退出国际合作机制。"④ 由于将国家的独立和主权看得高于一切,卡里莫夫向来对中亚地区的一体化项目,乃至任何超国家组织都持冷漠态度。正因为如此,卡里莫夫时代的乌兹别克斯坦曾两度退出俄主导的独联体集体安全条约组织,且至今未加入欧亚经济联盟。乌兹别克斯坦坚持,中亚地区事务应该由该地区国家来解决,反对外来势力介入中亚内部事务。

---

① Чем опасна нестабильность в Узбекистане, BBC, 2016 – 08 – 31, http://www.bbc.com/russian/features – 37236796(上网时间:2020年6月21日)。
② митрий Михайличенко. Узбекистан Ислама Каримова и после него: вернуться в Евразии, 2016 – 09 – 06, histrf.ru/biblioteka/book/uzbiekistan-islama-karimova-i-poslie-niegho-viernutsia-v-ievraziiu(上网时间:2020年6月21日)。
③ 焦一强:《"继承"还是"决裂"——"后卡里莫夫时代"乌兹别克斯坦外交政策调整》,载于《俄罗斯研究》2017年第3期,第110页。
④ 张宁:《乌兹别克斯坦独立后的政治经济发展:1991~2011》,上海大学出版社2012年版,第173页。

最后，等距平衡外交具有明显的摇摆性和游离性特征。在立国之初，乌兹别克斯坦便签署了俄倡导的《独联体集体安全条约》，并对中亚一体化及加强后苏联空间经济联系表现出一定兴趣。然而，从20世纪90年代中期开始，乌兹别克斯坦与俄疏远，开始寻求与以美国为首的西方国家发展关系，并在90年代末期退出独联体集体安全条约组织（以下简称"集安组织"）转而加入具有亲西方倾向的"古阿姆"集团。"9·11"事件后，为配合美国在阿富汗的反恐战争，乌兹别克斯坦允许美军驻扎其汉纳巴德空军基地，乌美关系得到迅速发展。2005年"安集延"事件爆发后，西方国家对乌实施制裁，乌兹别克斯坦同西方的关系急剧恶化，乌兹别克斯坦随即关闭了美军基地，乌俄关系迅速升温，次年乌重返集安组织，并加入了俄主导的欧亚经济共同体。2012年，乌兹别克斯坦再度退出集安组织。

值得注意的是，米尔济约耶夫出任新一届总统以来，乌兹别克斯坦外交出现了向左右逢源的多元平衡外交发展的迹象。新一届乌政府对中亚地区合作的兴趣激增，还提出了多项改善与邻国关系、促进地区合作、解决历史遗留问题的务实举措。在2016年9月乌议会两院联席会议的演说中，米尔济约耶夫指出：（1）乌外交活动重要的优先方向是中亚；（2）重视发展对俄关系，将在战略伙伴关系和同盟关系条约以及其他符合两国利益、并有助于巩固地区稳定与安全的重要协议的基础上，继续发展和全面巩固同俄罗斯的友好关系；（3）保持和全面发展与美国的互惠与建设性合作关系；乌兹别克斯坦对进一步巩固同作为地区近邻、并在地区和全球问题解决中发挥重要作用的中国的全面战略伙伴关系感兴趣。① 在米尔济约耶夫的规划中，乌兹别

① Текст выступления премьера Шавката Мирзиёева на заседании двух палат парламента, 2016 – 09 – 09, http：//uz24. uz/politics/tekst-vistupleniya-premyera-shavka-ta-mirziyoeva-na-zasedanii-dvuh-palat-parlamenta. （上网时间：2018年5月3日）。

克斯坦应该恢复其作为中亚地区枢纽的作用。2017年4月，乌、塔签署协议，恢复了两国中断近25年的直航；9月，乌、吉签署了具有里程碑意义的边界划分和水力发电的协议。仅2017年，米尔济约耶夫就与中亚邻国领导人举行了10多次双边与多边会谈。乌哈两国已经划定边界；乌兹别克斯坦和吉尔吉斯斯坦已确定85%的边界线，双方还就通过交换等值土地的方式解决飞地问题达成初步意向。① 2019年4月14~15日，哈萨克斯坦总统托卡耶夫对乌兹别克斯坦进行首次国事访问，两国元首就进一步加强双边睦邻友好战略合作伙伴关系和在军事、经贸、劳务、运输、通信等领域优先合作交换意见。② 米尔济约耶夫政府还积极参与国际合作，寻求建立更广泛的对外联系。在新政影响下，乌主动申请加入伊斯兰国家教科文组织、世界贸易组织、国际移民组织等，并有意成为欧佩克石油输出国组织观察员国，以及允许欧洲复兴开发银行重返乌兹别克斯坦。这些举措表明乌积极向国际社会靠拢，主动谋求与国际接轨。

有观点认为，米尔济约耶夫是"非革命性的改革"③。尤其是在大国平衡方面，虽然乌俄关系、乌美关系都有较明显改善，中乌关系也稳步推进，但乌兹别克斯坦与大国仍保持着相对等距的状态。更重要的是，卡里莫夫时期确立的独立自主、不结盟的外交战略并未改变。虽然米尔济约夫新政出台在中亚国家间关系产生了积极影响，但目前各国间政治互信仍然有限，乌、哈两国寻求地区大国地位的竞争依旧存在。在后卡里莫夫时代，出现乌

---

① 参见"乌塔两国就双边航空交通协议草案达成一致"，中国驻乌兹别克经济商务处，2017年4月11日，http://uz.mofcom.gov.cn/article/jmxw/201704/20170402554993.shtml.（上网时间：2018年3月23日）；"中亚国家迎来合作机遇期"，新华网，2018年8月20日，http://www.xinhuanet.com/world/2018-08/20/c_129935638.htm.（上网时间：2018年8月23日）。

② 苏畅：《2019年乌兹别克斯坦国家发展报告》，引自孙力、肖斌、杨进主编：《中亚国家发展报告》，社会科学文献出版社2020年版，第259~260页。

③ 王明昌：《非革命性改革：米尔济约夫新政下的乌兹别克斯坦》，引自孙力、肖斌、杨进主编《中亚国家发展报告》，社会科学文献出版社2019年版，第77~94页。

兹别克斯坦与邻国和俄罗斯的"关系蜜月期"并不困难，困难的是如何在多种因素掣肘之下持续地左右逢源。

三、上海合作组织内的平衡

上海合作组织是以立足中亚的地区组织，也是中亚国家参与国际合作的重要平台。[①] 中亚国家的平衡外交在上海合作组织内表现为三重"平衡进程"，即在经济发展与政治秩序之间的议题平衡，在中俄之间的权力平衡，以及在上合国家与其他国家之间的内外平衡。

（一）经济发展与政治秩序之间的议题平衡

中亚国家面临着政治转型和经济转型，这两种进程的平衡决定了中亚国家的内部治理成效。哈萨克斯坦和乌兹别克斯坦两国在实现了权力集中的目标后确立了"先经济、后政治"的发展原则，改革力度较大，收效也更明显，但塔吉克斯坦和吉尔吉斯斯坦两国的经济改革被国内政治斗争拖累。[②] 塔、吉二国工业基础较弱，经济结构和外贸结构单一。投资方面，截至 2018 年底，除荷兰为哈萨克斯坦最大外资来源国以外，其余三国的最大外资来源国均为中国；在对外直接投资和外贸总额方面，哈萨克斯坦远超于其他三国（见图 3 - 1 和图 3 - 2）。

[①] 尽管 2017 年上海合作组织实现了成立以来的首次扩员，但新成员国印度和巴基斯坦加入该组织的一个重要诉求，在于借助这一平台加强与中亚国家之间的联系，以扩大在该地区的影响。扩员后的上海合作组织或许并未改变中亚地区仍是这一组织的核心区这一客观事实。

[②] 赵会荣：《中亚国家发展历程研究》，社会科学文献出版社 2016 年版，第 48 页。

（年份）

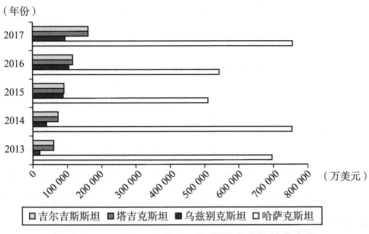

图 3-1 2013~2017 年中亚四国对外直接投资存量

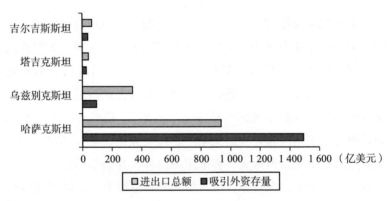

图 3-2 2018 年中亚四国外贸和吸引外资存量

资料来源：中国国家统计局，http：//data. stats. gov. cn/easyquery. htm? cn = G0104；商务部"走出去"公共服务平台国别（地区）指南数据库，http：//fec. mofcom. gov. cn/article/gbdqzn/。

推动经济转型的一个重要途径是地区一体化，但中亚国家在这方面面临着不少阻力。乌克兰危机后，俄罗斯加快了欧亚经济联盟的建设。随着 2015 年俄罗斯经济陷入衰退，俄削减了对中亚国家的援助，一些重要合作项目被迫取消或搁置，但俄罗斯并不愿意在制度上放松对欧亚经济联盟成员国的限制。这使得吉、哈两国在与其他非欧亚经济联盟成员国合作时往往受到各种条约和协议的限制。中国提出推进投资与经济便利化的倡议以期实现上海合作组织成员国的经贸互联互通。2015 年 5 月，中俄两国元首签署了《关于丝绸之路经济带建设和欧亚经济联盟建设对接合作的联合声明》，提出将"研究推动建立中国与欧亚经济联盟自贸区这一长期目标"。2016 年，俄、哈、乌三国货币大幅贬值，中亚国家遭遇了严重的经济滑坡。俄罗斯对同上合组织以及"一带一路"框架内中亚地区经济合作的态度更加积极。哈、吉等拥有上合组织和欧亚经济联盟双重身份的国家也开始积极响应自贸区倡议。乌、塔两国也表示支持中国提出的"一带一路"构想，将积极推进欧亚经济联盟同"一带一路"的对接。

虽然对地区经济合作的态度日渐明朗，但是中亚国家在经济发展和政治秩序之间的平衡动机依旧存在。国内经济转型和地区经济合作都将波及错综复杂的国内和地区政治秩序，因此如何在推进中亚经济发展的同时重构一个稳定的、平衡的国内政治与地区权力格局仍是考验中亚国家政府的艰难任务。

（二）中俄之间的关系平衡

中俄在中亚有着不同的利益诉求。俄罗斯的利益主要在于战略、安全、经贸和社会层面。战略层面，正是依托在中亚和独联体国家的优势地位，俄罗斯才得以成为后冷战时期的大国，保持在中亚的地缘政治优势是俄罗斯大国战略的核心任务。安全层面，中亚为俄南部重要的安全屏障，是抵挡三股势力、毒品以及非法移民等非传统安全威胁的屏障，也是俄罗斯遏制上述势力的前沿。经济层面，俄罗斯与中亚国家保持着密切的经贸联系，并对中亚的自然资源和能源具有重要的控制力。社会层面，中亚国家仍生活着很多俄罗斯族，俄语和俄罗斯文化仍有着显著的影响力。对于中国来说，中亚是影响中国西部稳定的重要外部因素，是中国周边外交的重要对象和"一带一路"倡议的关键节点。中国对中亚实施睦邻、安邻、富邻政策，目的是与周边国家建立友好关系，以营造良好的安全环境，提高中国的战略地位，扩大外交资源，促进中国西部对外开放水平。上海合作组织的一个重要成就是为中国在中亚获得了一个外交平台，并由此激发了区域经济合作的新功能。

中俄对于上合组织有着不同定位。俄罗斯更强调政治与安全合作，对于经济合作则有所选择，强调不损害俄罗斯在中亚的利益并从属于欧亚一体化的整体要求。中国希望通过经济合作营造稳定和睦的周边环境并且依托上合组织构建新型国际关系和地区命运共同体。中亚国家承认中国的经济发展成就，中亚国家逐渐认识到中国日渐增长的影响力以及对于本国发展的积极意义，但同时也希望在上海合作组织中通过维持与俄罗斯的合作来平衡中国的经济影响力；他们也希望借助中国日益扩大的国际影响，在与俄罗斯的关系中获得更多语话权。

（三）在上合国家与其他国家之间内外平衡

中亚国家在上合组织内的第三个平衡进程是建立在上合国家与其他国家之间的内外平衡。这也是其平衡外交在国际体系层面的体现。中亚国家积极发展同其他国家的政治、经济、安全和外交关系。简言之，就是在安全上倚重俄罗斯，在经济上重视中国，同时注重协调同美国的关系。它们努力拉近与域外国家的距离，在对外交往中表现出一定的灵活性。中亚国家领导人也常常利用伊斯兰教的影响，表现出与伊斯兰世界国家更多的亲近感，但坚持世俗化的发展道路。

阿富汗战争初期，美国希望通过构建"大中亚"来稳定阿富汗的安全形势。但随着美国对阿政策转变，这些构想基本被搁置。美国转而经略南亚，放松了对中亚的争夺。以 2013 财年为例，美国国务院对外援助总额达 331 亿美元，其中实际援助哈萨克斯坦 1 403 万美元，吉尔吉斯斯坦为 4 913 万美元，塔吉克斯坦 4 062 万美元，乌兹别克斯坦 1 191 万美元。① 2015 财年，美国计划总外援额 314 亿美元，其中援助哈萨克斯坦 973 万美元、吉尔吉斯斯坦共和国 4 170 万美元、塔吉克斯坦 2 987 万美元、乌兹别克斯坦 1 033 万美元②，远远低于同期对阿富汗和其他南亚国家的援助水平。2016 年以来，米尔济约耶夫出任乌总统后推出了一系列"新政"，美国视此为机会，对乌在阿富汗事务以及国际反恐的作用的重视有所回升。对乌援助由 2016 年的 2 000 万美元增加到 2019 年的 3 000 万美元，③ 乌兹别克斯坦在与美国走近的同时，也不忘巩固自己的传统伙伴，2019 年乌兹别克斯坦加入独联体成员国议会大会，正式成为该机制的第 10 个成员国。

　　欧盟也是影响中亚地区的重要外部力量之一。2007 年 6 月 22 日，欧盟推出首份全面系统的中亚战略文件《欧盟与中亚：新伙伴战略（2007～2013）》，标志着欧盟准备在中亚发挥更大的影响。目前来看，欧盟的中亚战略成效较为显著的是在软实力领域，特别是教育、医疗、文化、环境等方面。在过去的十多年里，中亚国家在欧盟外交版图中的地位不断上升，欧盟与中亚国家的合作也达到了前所未有的水平。2019 年，欧盟委员会发布并正式启用《欧盟与中亚：创建更坚实伙伴关系的新机遇》（*The EU and Central Asia：New Opportunities for a Stronger Partnership*）。④ 新版中亚战略强调与中亚国家建立更加坚实、现代与开放的伙伴关系，并把中亚地区打造成一个繁荣的、可持续的、灵

---

　　①② 数据来自美国对外援助网站 http：//www. foreignassistance. gov/web/Agency-Landing. aspx. （上网时间：2020 年 6 月 12 日）。

　　③ 数据来自美国国际发展署 https：//explorer. usaid. gov/cd/UZB. （上网时间：2020 年 6 月 12 日）。

　　④ European Commission，*The Eu and Central Asia：New Opportunities for a Stronger Partnership*，May 15，2019.

活的、互联互通的政治经济空间。新版战略提出了三个欧盟—中亚合作的优先方向：（1）提升中亚国家应对内外部挑战和推进改革的能力，确保实现可持续性发展；（2）支持中亚国家经济现代化，推动地区稳步合作和对青年人投资，实现繁荣发展；（3）强化现有的伙伴关系架构，加强政治对话与公民社会建设。新版战略体现了新时期欧盟促进"自由主义规范扩散和引导"的对外战略任务。面对欧盟递来的橄榄枝，中亚国家也乐于拓展与欧洲的合作。哈萨克斯坦、乌兹别克斯坦、吉尔吉斯斯坦、塔吉克斯坦都参加了欧安组织的活动。例如，哈萨克斯坦积极推动连接中国与西欧的交通网络建设；乌兹别克斯坦希望向德国学习经验和技术，加快经济现代化改革，并提出建立新的"中亚＋德国"对话机制。①

综上，中亚国家在上合组织中的平衡外交表现为三重"平衡"进程：

第一，在经济发展与政治秩序之间的议题平衡。作为新独立国家，中亚国家的核心任务是维护国家政治独立、促进经济的发展。然而，政治转型与经济转型在国内和地区两个层面上都存在相互掣肘的情况，处理好这一对议题间的平衡关系对稳固中亚国家发展基础具有重要意义。

第二，在中俄之间的权力平衡。中俄两国是中亚国家的近邻，实现国家的稳定发展，处理好中俄关系十分重要。中亚国家越是重视经济发展，对中国市场、技术和资本的需求也就越大，中国因素在中亚事物中的重要性也越凸显；同时，中亚国家与俄罗斯存在传统的政治、安全和经济合作，特别在安全方面，俄罗斯为中亚国家提供了安全保障。处理好中俄之间的权力平衡是中亚国家在上合组织中的一个重要任务。

---

① 苏畅：《2019 年乌兹别克斯坦国家发展报告》，引自孙力、肖斌、杨进主编：《中亚国家发展报告》，社会科学文献出版社 2020 年版，第 261～264 页。

第三，在上合国家和其他国家之间的内外平衡。中亚国家不选边站队，不与某个大国走得过近，在与自身利益关系不大的问题上采取模糊立场，目的是利用大国之间的竞争获取最大利益。

第四章

中国发挥负责任和引领作用

上海合作组织是第一个在中国成立的，以中国城市命名的国际组织，在上海合作组织的发展进程中中国始终扮演着重要角色。进入 21 世纪，中国的国家实力迅速提高，与外部世界的关系也发生了根本性的变化。在此过程中，中国外交正在经历一场深刻的变革，以习近平同志为核心的中国新一届领导集体，在继承中国外交基本原则、目标和战略布局的同时，在外交理念、政策和风格方面进行了一系列创新和发展，提出建设有中国特色的大国外交。中国外交更加主动，创造概念、设定议程、提出解决方案，积极参与国际新秩序的塑造。中国外交的发展变化，中国对地区建设领导力和议题设置能力的增强，自然也对上海合作组织的建设发挥着重要影响。

一、国家定位的新变化

中国外交定位的变化主要体现在保持发展中国家特性的同时，增加全球性大国属性。

首先，新一届中央领导集体继续强调中国的发展中国家属性和发展使命。中国是一个发展中国家。根据一系列权威国际组织的划分标准，中国按目前的发展水平，都只属于发展中国家。

2011 年《中国的和平发展（白皮书）》明确指出"在相当长历史时期内，中国仍将是一个发展中国家"[①]。2017 年 10 月，中共十九大再次指出，"我国仍处于并将长期处于社会主义初级阶段的基本国情没有变，我国是世界最大发展中国家的国际地位没有变。"基于这一定位，"发展"仍然是中国的核心任务，不仅是解决国内一切问题的基础，也是增强外交实力的保证。近年来，中国领导人反复强调，"在新形势下，外交工作同国家发展的关系更加密切，必须依靠发展、服务发展、促进发展，切实维护全方位对外开放条件下我国的发展利益。"[②] "面对复杂形势，最根本的还是要办好我们自己的事情"。[③] 很显然，新一代中国领导集体继承了发展的历史使命，确立了"两个一百年"奋斗目标，就是到 2020 年实现国内生产总值和城乡居民人均收入比 2010 年翻一番，全面建成小康社会；到本世纪中叶建成富强民主文明和谐的社会主义现代化国家，实现中华民族伟大复兴。习近平把中国国家发展的目标形象表述为"中国梦"，提出"实现中华民族伟大复兴，是近代以来中国人民最伟大的梦想"。[④]

其次，中国正视自身具有的大国地位，明确将在国际事务中发挥负责任的大国作用。不能否认，经过 40 年的改革开放，中国经济取得了举世瞩目的成就，中国超越日本成为世界第二大经济体，并被一些世界舆论视为"世界经济的领导力量"[⑤]。近代以来，中国从未具备如此的强国条件。因此，单纯强调中国的发

① 《中国的和平发展（白皮书）》（2011 年 9 月），新华网，www. xinhuanet. com.（上网时间：2011 年 9 月 20 日）。
② 《胡锦涛等中央领导出席第十一次驻外使节会议》，人民网，http：// politics. people. com. cn/GB/1024/9687354. html.（上网时间：2009 年 7 月 20 日）。
③ 习近平在中共十八届四中全会第二次全体会议上的讲话。
④ 中华人民共和国主席习近平：《顺应时代前进潮流　促进世界和平发展——习近平在莫斯科国际关系学院的演讲》（2013 年 3 月 23 日，莫斯科），载于《人民日报（海外版）》2013 年 3 月 25 日。
⑤ Survey by Pew Research Center, *World's Leading Economic Power*, http：//www. pewglobal. org/2013/07/18/worlds-leading-economic-power/，July 18，2013.（上网时间：2015 年 2 月 10 日）。

展中国家属性，体现了中国外交的承继性，但是不能反映中国经济的成长和国际地位的变化。2013 年 6 月 27 日，外交部部长王毅在第二届世界和平论坛午餐会上提出了中国的"大国定位"[1]问题，从定位上克服了中国发展过程中出现的"经济总量巨大与人均收入偏低""自身能力与国际期待之间的巨大差异"问题，更加容易为外部世界接受与认知。[2] 2014 年 11 月，在中央外事工作会议上，习近平主席正式提出"中国必须有自己特色的大国外交"[3]。这也表明，中国新一届政府越来越清晰了对自身的认识——"既是发展中国家，同时也是全球性大国"。这从客观上要求中国一方面要做好自身发展的工作，另一方面要承担与自身能力相适应的全球性责任，努力打造人类命运共同体。

二、外交布局趋立体化

在中国的外交布局中，"大国是关键，周边是首要，发展中国家是基础，多边是重要的舞台"。党的十八大以来，全方位外交布局深入展开，全面推进中国特色大国外交，形成全方位、多层次、立体化的外交布局，为我国发展营造了良好外部条件。

（一）推进构建新型大国关系

国际格局是指权力在特定国际体系下的分配。大国关系构成

---

① 王毅：《探索中国特色的大国外交之路——王毅部长在第二届世界和平论坛午餐会上的演讲》，2013 年 6 月 27 日，中华人民共和国外交部网站，http://www. fmprc. gov. cn/mfa_chn/zyxw_602251/t1053901. shtml.（上网时间：2013 年 11 月 7 日）。

② See David Shambaugh, *China Goes Global*: *The Partial Power*, Oxford University Press, 2013.

③ 《习近平出席中央外事工作会议并发表重要讲话》，新华网，http://news. xinhuanet. com/politics/2014 - 11/29/c_1113457723. htm.（上网时间：2014 年 11 月 29 日）。

国际格局。世界和平很大程度上取决于大国之间能否构建和维持和平，而大国之间尤其是新兴大国与守成大国之间由竞争走向对抗的"修昔底德陷阱"，似乎成为一种难以摆脱的历史宿命。2012年2月，时任国家副主席的习近平访问美国，首次提出要构建"前无古人，但后启来者"的新型大国关系倡议，并得到了美方的积极响应。

2013年6月，习近平主席与奥巴马总统在美国安纳伯格庄园举行了"不打领带"的会谈，两国领导人一致同意构建中美新型大国关系，其核心内涵是"不冲突不对抗；相互尊重；合作共赢"。这次历史性会晤，不拘形式，平和务实，受到国际社会的普遍关注与广泛欢迎。继"庄园会晤"后，中美两国元首又进行了"瀛台夜话""白宫秋叙"和"西湖长谈"，强调中美共同利益大于分歧，协调大于摩擦。我们守住"不冲突、不对抗"底线，筑牢相互尊重基础，共同推进合作共赢目标，总体上维护了中美关系的基本稳定。2016年美国大选后，习近平主席很快就同特朗普通电话，为中美关系的平稳发展发出积极信号。2017年，中美两国领导人在海湖庄园和北京成功进行了两次双边会晤，努力保持了双边关系的稳定。

与中美关系不同，俄罗斯是当代中国最重要的战略倚重对象。中俄关系从冷战时代的"全面对抗"发展成为今天的"全面战略协作伙伴关系"本身就为新时期大国之间的互信与合作树立了典范。2013年9月7日，习近平主席在哈萨克斯坦的纳扎尔巴耶夫大学发表演讲，明确表示"中国不谋求地区事务主导权，不经营势力范围。"① 表明中国愿同俄罗斯和中亚各国加强沟通和协调，共同为建设和谐地区做出不懈努力，打消了俄罗斯的疑虑，为中俄关系的长远发展夯实了基础。近年来，中俄领导人交

---

① 习近平：《弘扬人民友谊　共创美好未来——在纳扎尔巴耶夫大学的演讲（2013年9月7日，阿斯塔纳）》，载于《人民日报》2013年9月8日第3版。

往频繁，中俄全面战略协作伙伴关系不断迈向新水平。2013 年 3 月，习近平主席首访俄罗斯，与普京总统达成了广泛共识；2014 年中俄在经贸领域签署了 4 000 亿美元的天然气"世纪大单"；2015 年两国共同签署丝绸之路经济带和欧亚经济联盟对接合作的文件；2016 年，双方就加强全球战略稳定发表联合声明，围绕重大国际和地区问题保持密切协调。2016 年和 2017 年，中俄两军进行了两次"空天安全"首长司令部联合反导计算机演习，这反映出双方的战略信任又向前迈进了一步。2017 年一年内，习近平主席与普京总统实现了互访，在双多边场合举行 7 次会晤，密集沟通对表，在关乎全球战略稳定的重大问题上始终紧密协作，当代中俄关系已经成为维护世界和平安宁、主持公平正义、倡导合作共赢的重要基石。

（二）努力夯实睦邻友好关系

和平进程始自周边，周边是中国和平发展必争必保之地。中国与世界关系的变化，首先反映在与邻国关系的变化上。中国能否继续与邻居和睦相处，守望相助，对中国与世界关系的走向起着至关重要的作用，可以说"周边对我国具有极为重要的战略意义"。①

2013 年 10 月，在新中国成立以来首次周边外交工作座谈会上，习近平指出，"中国周边外交的基本方针，就是坚持与邻为善、以邻为伴，坚持睦邻、安邻、富邻，突出体现亲、诚、惠、容的理念。要坚持睦邻友好，守望相助，多走动、多做得人心、暖人心的事，增强亲和力、感召力、影响力。要诚心诚意对待周边国家，争取更多朋友和伙伴。要本着互惠互利的原则同周边国

---

① 《习近平在周边外交工作座谈会上发表重要讲话》，新华网，http://news. xinhuanet. com/2013 − 10/25/c _ 117878944. htm.（上网时间：2013 年 10 月 25 日）。

家开展合作，把双方利益融合提升到更高水平，让周边国家得益于我国发展，使我国也从周边国家共同发展中获得裨益和助力。要倡导包容的思想，以更加开放的胸襟和更加积极的态度促进地区合作。"① 中国不断增大周边投入，积极推进与周边国家的互联互通，探索搭建地区基础设施投融资合作平台，攻克难点、筑牢支点、打造亮点，稳定周边、经略周边、塑造周边取得了很大成绩。

（三）致力打造全球伙伴关系网络

从 20 世纪 80 年代初开始，中国外交中只有特定的问题，不再有特定的敌国。这意味着，中国不再结盟反对特定的敌国，而在应对具体的问题上中国愿意和所有国家共同合作。自 1993 年中国和巴西建立伙伴关系以来，结伴而不结盟已经成为了新时代中国外交的重要特征。2014 年 11 月，习近平在中央外事工作会议上明确提出，"要在坚持不结盟原则的前提下广交朋友，形成遍布全球的伙伴关系网络。"② 2014 年 5 月，俄罗斯总统普京访华，中俄双方联合提出支持开展网状伙伴外交。

当代中国外交的力量主要源自两个方面：一是自身日益增强的国家经济和军事实力；二是拥有的战略合作伙伴国群体。由于共同的利益关切，中国与不同的国家结成了不同层次的伙伴关系。中国构建的伙伴关系有三个基本特征："首先是平等性，国家不分大小贫富，都要相互尊重主权、独立和领土完整，相互尊重各自选择的发展道路与价值观念。第二是和平性，伙伴关系与军事同盟最大的区别是不设假想敌，不针对第三方，排除了军事

---

① 《习近平在周边外交工作座谈会上发表重要讲话》，新华网，http://news. xinhuanet. com/2013 – 10/25/c_117878944. htm.（上网时间：2013 年 10 月 25 日）。

② 《习近平出席中央外事工作会议并发表重要讲话》，新华网，http://news. xinhuanet. com/politics/2014 – 11/29/c_1113457723. htm.（上网时间：2014 年 11 月 29 日）。

因素对国家间关系的干扰，致力于以合作而非对抗的方式，以共赢而非零和的理念处理国与国关系。第三是包容性，超越社会制度与意识形态的异同，最大限度地谋求共同利益与共同追求。同时，我们在国际事务中仍将坚持独立自主的外交方针，根据事情本身的是非曲直决定自己的立场，作出自己的判断。"①

目前，中国与俄罗斯建立了全面战略协作伙伴关系，与巴基斯坦建立了全天候战略合作伙伴关系，与蒙古国、土库曼斯坦、白俄罗斯、哈萨克斯坦建立了全面战略伙伴关系，与乌兹别克斯坦、吉尔吉斯斯坦、塔吉克斯坦建立了战略伙伴关系，与印度建立了"面向和平与繁荣的战略合作伙伴关系"。从世界范围来看，迄今，中国已同100多个国家、地区或区域组织建立了不同形式的伙伴关系，走出了一条"对话而不对抗，结伴而不结盟"的国家之间交往新路。在周边，中国提出亲诚惠容周边外交理念，推进命运共同体建设，与中亚各国实现战略伙伴关系全覆盖。全球的伙伴关系网络的建立，标志着中国外交日益具有全球视野，更加注重立体布局，也有力推动了地区合作的发展。

三、积极参与全球治理

随着全球性挑战增多，加强全球治理、推进全球治理体制变革已是大势所趋。全球治理不仅事关应对各种全球性挑战，而且事关给国际秩序和国际体系定规则、定方向；不仅事关对发展制高点的争夺，而且事关各国在国际秩序和国际体系长远制度性安

---

① 王毅：《构建全球伙伴关系网络是中国外交的一个特色》，新华网，http：// news. xinhuanet. com/world/2014 - 12/24/c_1113763159. htm.（上网时间：2014 年 12 月 24 日）。

排中的地位和作用。①

　　中国始终是国际社会负责任的一员，不同的时代，中国所承担的国际责任各不相同。在 20 世纪 60 年代中国积极支持民族解放运动，支持第三世界国家人民争取主权和独立。在 1997 年亚洲金融危机期间，中国坚持人民币不贬值，展现了负责任大国维护地区金融稳定的良好形象。进入 21 世纪，中国积极参与联合国框架下的维和行动、不断加大对外援助，已经成为了当今国际体系的重要参与者、建设者和贡献者。

　　当前中国已经成为世界第二大经济体，世界第一大货物贸易国，出口市场份额升至 13.4%，是世界近 130 个经济体的最大贸易伙伴。中国经济的成功在于将自身的"改革"与"全球化"进程联系起来，将中国的发展与国际体系联系起来。全球化进程保证了中国得以通过和平方式获得世界的资金、技术、市场和原材料，是中国实现可持续发展的关键。② 全球金融危机爆发后，美欧发达国家经济相对衰退，启动自我保护程序，推动经济全球化和参与全球治理的能力和热情下降，国际社会呼吁中国等新兴市场国家在全球治理中发挥更大作用。从中国国内来看，"我们参与全球治理的根本目的，就是服从服务于实现'两个一百年'奋斗目标、实现中华民族伟大复兴的中国梦"，要"推动全球治理体制向着更加公正合理方向发展，为我国发展和世界和平创造更加有利的条件"③。

　　中国围绕适应和引导经济全球化、开创世界经济增长新动力等重大问题积极阐释中国理念，提出中国方案，采取中国行动，

---

① 《习近平的全球治理观》，新华网，http：//news. xinhuanet. com/politics/2015 –
10/15/c_128320863. htm. （上网时间：2015 年 10 月 15 日）。

② 高飞：《中国特色大国外交视角下的"一带一路"》，载于《经济科学》2015
年第 3 期，第 11 页。

③ 习近平同志在中共中央政治局第 27 次集体学习时讲话（2015 年 10 月
12 日）。

显著增强了全球治理的话语权和国际规则制定权。① 2013 年以来，中国提出"一带一路"倡议，发起成立亚洲基础设施投资银行等新型多边金融机构，促成国际货币基金组织完成份额和治理机制改革，积极参与制定海洋、极地、网络、外空、核安全、反腐败、气候变化等新兴领域治理规则，在国际社会引起了良好反响。2016 年 9 月，G20 杭州峰会提出，推动创新世界经济增长方式，推动完善世界经济金融治理体系，推动重振国际贸易与投资，推动包容和联动式发展。不仅为世界经济指明了方向，而且充分展现了中国参与全球治理的能力和意愿。在 2016 年 11 月，亚太经合组织利马会议上，中国直面"逆全球化"思潮，强调要反对一切形式的保护主义，建设开放型经济，引领经济全球化向更加包容普惠的方向发展。在 2017 年 1 月，在达沃斯世界经济论坛上，习近平主席明确提出"人类已经成为你中有我、我中有你的命运共同体，利益高度融合，彼此相互依存。每个国家都有发展权利，同时都应该在更加广阔的层面考虑自身利益，不能以损害其他国家利益为代价""要坚定不移发展全球自由贸易和投资，在开放中推动贸易和投资自由化便利化，旗帜鲜明反对保护主义"。② 实践证明，中国不仅是当今全球经济治理的参与者，更是维护者和引领者。积极参与全球治理，体现了中国外交发展的又一新变化。

第一，提出"一带一路"倡议。2013 年 9 月和 10 月，中国国家主席习近平在出访中亚和东南亚国家期间，先后提出共建"丝绸之路经济带"和"21 世纪海上丝绸之路"的重大倡议，得到国际社会高度关注。2015 年 3 月，国家发展改革委员会、外

---

① 参见王毅：《在世界变局中坚定推进中国特色大国外交》，载于《求是》2017 年第 1 期，第 13 页。

② 习近平：《共担时代责任　共促全球发展》（在世界经济论坛开幕式上的主旨演讲），新华网，http：//news. xinhuanet. com/fortune/2017 - 01/18/c_1120331545. htm.（上网时间：2017 年 1 月 18 日）。

交部、商务部联合发布《推动共建丝绸之路经济带和 21 世纪海上丝绸之路的愿景与行动》，"一带一路"步入全面实施阶段。在全球化的背景下，国家间相互依存不断加深，提出问题和解决矛盾的方式都在发生变化，要求世界各国在追求本国利益时兼顾他国合理关切，在谋求本国发展中促进各国共同进步。以亚投行为例，一方面，它为加快亚洲基础设施建设提供了新的融资平台；另一方面，以筹建亚投行为抓手，中国与世界各国一起探索新的全球治理模式，更加积极发挥负责任的大国作用。通过"一带一路"，中国与外部世界共同发展的同时，也完善了国际合作的理念和模式，得到了国际社会的普遍欢迎。截至 2017 年底，中国已经同 80 个国家和组织签署"一带一路"合作协议，同 30 多个国家开展了机制化产能合作，在沿线 24 个国家推进建设 75 个境外经贸合作区，中国企业对沿线国家投资累计超过 500 亿美元，创造了近 20 万个就业岗位。[1] 2016 年 11 月，第 71 届联合国大会决议欢迎"一带一路"等经济合作倡议，呼吁国际社会为"一带一路"倡议建设提供安全保障环境。[2] 事实上，"一带一路"不仅推动了中国新一轮的改革开放，也开启了世界新一轮的全球化进程。

第二，提出总体安全观。当今世界，政治多极化、经济全球化深入发展，文化多样化、社会信息化持续推进，国家间的相互依存加深，新的安全挑战不断增加。当前我国国家安全内涵和外延比历史上任何时候都要丰富，时空领域比历史上任何时候都要宽广，内外因素比历史上任何时候都要复杂[3]。2014 年 4 月 15

---

① 参见王毅在 2017 年国际形势与中国外交研讨会开幕式上的演讲，外交部网站，www. fmprc. gov. cn. （上网时间：2018 年 1 月 10 日）。

② 联合国大会一致通过决议呼吁各国推进"一带一路"倡议，外交部网站，http://www. fmprc. gov. cn/ce/ceun/chn/gdxw/t1416496. htm. （上网时间：2017 年 1 月 10 日）。

③ 参见"习近平总书记在国家安全委员会第一次会议上提出：坚持总体国家安全观走中国特色国家安全道路"载于《人民日报》2014 年 4 月 16 日，第 1 版。

日，习近平同志主持召开中央国家安全委员会第一次会议，明确提出，要构建集政治安全、国土安全、军事安全、经济安全、文化安全、社会安全、科技安全、信息安全、生态安全、资源安全、核安全等于一体的国家安全体系，并系统阐述了总体国家安全观的重要思想。[①] 总体国家安全观既反映了当今世界这种复杂深刻的变化，也体现了时代变化和中国发展新要求，"贯彻落实总体国家安全观，必须既重视外部安全，又重视内部安全，对内求发展、求变革、求稳定、建设平安中国，对外求和平、求合作、求共赢、建设和谐世界"[②]。根据总体安全观，2014 年 5 月，在亚洲相互协作与信任措施会议第四次峰会上，习近平主席提出"共同安全、综合安全、合作安全、可持续安全的亚洲安全观"[③]。亚洲安全观体现了国际关系领域个体安全与集体安全的统一、传统与非传统领域的统一、安全与发展的统一，强调合作是解决新时期安全挑战的主要手段。这对于推动构建合作共赢的新型国际关系，打造人类命运共同体，提供了坚实保障。

四、倡导正确的义利观

从 2012 年 11 月以来，习近平主席多次在外事场合提到"命运共同体"。从外交的角度看，命运共同体包含了"利益共同体""价值共同体"和"责任共同体"。

十八大报告第一次在党的决议中提出各国利益的整体性和

---

①② 参见"习近平总书记在国家安全委员会第一次会议上提出：坚持总体国家安全观走中国特色国家安全道路"，载于《人民日报》2014 年 4 月 16 日，第 1 版。

③ 习近平：《倡导共同安全、综合安全、合作安全、可持续安全的亚洲安全观》，人民网，http://world.people.cn/n/2014/0521/c1002 - 25046139.html.（上网时间：2014 年 5 月 21 日）。

一致性——"人类只有一个地球，各国共处一个世界"①，由此进一步提出共同发展是可持续发展的重要基础，符合各国人民长远利益和根本利益。自十八大以来，习近平多次提到，"我们生活在同一个地球村，应该牢固树立命运共同体意识"，这些都展现出中国新一代领导人不同于以往的高远视角。

中国清楚地意识到，今天的世界，任何国家都难以片面追求自身利益而罔顾他国利益。只有共同利益的"蛋糕"做大了，各国才会得到更多的份额。习近平因此指出，和平发展道路能不能走得通，很大程度上要看我们能不能把世界的机遇转变为中国的机遇，把中国的机遇转变为世界的机遇，在中国与世界各国良性互动、互利共赢中开拓前进。② 2013 年 4 月 7 日，在海南博鳌论坛上，习近平演讲指出，"世界各国联系紧密、利益交融，要互通有无、优势互补，在追求本国利益时兼顾他国合理关切，在谋求自身发展中促进各国共同发展，不断扩大共同利益汇合点。要加强南南合作和南北对话，推动发展中国家和发达国家平衡发展，夯实世界经济长期稳定发展基础。要积极创造更多合作机遇，提高合作水平，让发展成果更好惠及各国人民，为促进世界经济增长多作贡献。"③

在当代国际关系中，"义"就是要旗帜鲜明地维护国际法，在国际上主持公道、立威立信、伸张正义、践行平等，反对任何形式的霸权主义和强权政治，坚定支持国际关系民主化。当代中国正确处理"义"与"利"的关系，就要坚持"义"与"利"关系的辩证统一，坚持合作共赢，在自身发展的同时支持广大发

---

①　《十八大报告》，新华网，www. xj. xinhuanet. com. （上网时间：2013 年 9 月 7 日）。

②　《十八届中共中央政治局第三次集体学习（2013 年 1 月 28 日）》，新华网，www. xj. xinhuanet. com. （上网时间：2013 年 2 月 7 日）。

③　习近平：《共同创造亚洲和世界的美好未来——在博鳌亚洲论坛 2013 年年会上的主旨演讲》，载于《人民日报》2013 年 4 月 8 日。

展中国家的共同发展，要为发展中国家仗义执言，造福谋利。在全球化的背景下，中国必须把自身发展与世界发展联系起来，把中国人民的利益同各国人民的共同利益结合起来，在经济上实现互利共赢，在政治上完善全球治理机制。这意味着中国在追求国家发展的同时，将更加积极地承担大国的国际责任和义务。通过构建"责任共同体"与其他国家一道，在国际事务中主持正义，维护共同利益。

作为新兴大国，中国的崛起必然会遇到各种各样的内外阻力。在合作的前提下，中国主张开放包容、共同发展，主张尊重各国自主选择社会制度和发展道路的权利，消除疑虑和隔阂，把世界多样性和各国差异性转化为发展活力和动力，共享发展资源，共同推进相互合作。"一带一路"是这一政策的集中体现。

2013年9月7日中国国家主席习近平在哈萨克斯坦纳扎尔巴耶夫大学发表演讲全面阐释中国的地区政策，明确提出，中国未来将与欧亚各国更加紧密合作，加强政策沟通，加强道路联通，加强贸易畅通，加强货币流通，加强民心相通，"用创新的合作模式，共同建设'丝绸之路经济带'"。① 10月随着中国国家主席和国务院总理先后访问东南亚，这一政策进一步被延伸到海上，一张由中国崛起带动的世界经济和发展网络在油气管道、高铁和现代航运技术的支撑下的"一带一路"蓝图跃然纸上。中国借助古老的丝绸之路展示中国的当代合作理念——"不同社会制度和发展阶段的国家，不同宗教、文化的国家之间合作不仅是可能的，而且完全可以实现互利共赢、共同发展。"

与此同时，面对国际合作中可能存在的分歧与纷争，中国正

---

① 习近平：《弘扬人民友谊　共创美好未来》（在哈萨克斯坦纳扎尔巴耶夫大学的演讲），新华网，http://news.xinhuanet.com/world/2013 - 09/08/c_117273079. htm.（上网时间：2013年9月8日）。

日益变得更加理性和包容，以创新减少纷争，以包容化解分歧。

五、对上合组织发展的影响

中国始终积极推动上海合作组织的发展。在政治安全领域，中国致力于加强成员国之间的政治互信与协作，在经济上中国主动担当促进地区经济合作，在人文领域中国大力推动各国之间的人文交流。

（一）中国推动上海合作组织政治安全合作

2013 年 9 月 13 日，上合组织元首理事会第十三次会议在吉尔吉斯斯坦比什凯克举行。与会元首共同签署并发表了《上海合作组织成员国元首比什凯克宣言》。峰会批准《〈上海合作组织成员国长期睦邻友好合作条约〉实施纲要（2013 – 2017）》。国家主席习近平发表题为《弘扬"上海精神"促进共同发展》的重要讲话。中方在峰会上宣布已经在北京成立上合组织睦邻友好合作委员会，并呼吁各国成立类似组织，对接开展工作。

2014 年 9 月 12 日，上合组织元首理事会第十四次会议在塔吉克斯坦杜尚别举行。与会各方围绕进一步完善上海合作组织工作，发展上海合作组织域内长期睦邻友好关系、维护地区安全、加强务实合作以及当前重大国际和地区问题交换意见。国家主席习近平发表《凝心聚力　精诚协作　推动上海合作组织再上新台阶》的讲话，提出了维护地区安全稳定、实现共同发展繁荣、促进民心相通、扩大对外交流合作等 4 点主张。成员国元首签署并发表了《杜尚别宣言》，签署了《上海合作组织成员国政府间国际道路运输便利化协定》，批准《给予上海合作组织成员国地位

程序》和《关于申请国加入上海合作组织义务的备忘录范本》
修订案。

2015 年 7 月 10 日，上合组织元首理事会第十五次会议在俄
罗斯乌法举行。会议的主题是规划组织未来发展，就本组织发展
及国际和地区重要问题协调立场，东道国俄罗斯总统普京主持会
议。国家主席习近平发表题为《团结互助　共迎挑战　推动上海
合作组织实现新跨越》的重要讲话。共同签署并发表了《乌法
宣言》。批准包括《上海合作组织至 2025 年发展战略》在内的
一系列文件，签署《上海合作组织成员国边防合作协定》，通过
关于启动接收印度、巴基斯坦加入上合组织程序等决议，发表成
员国元首关于世界反法西斯战争胜利 70 周年的声明、关于应对
毒品问题的声明以及会议《新闻公报》。

2016 年 6 月 24 日，上合组织元首理事会第十六次会议在乌
兹别克斯坦塔什干举行。与会各方就携手应对地区和国际新挑
战、全面提升上合组织各领域合作水平，以及上合组织未来发展
等问题深入交换意见。习近平主席发表题为《弘扬上海精神，巩
固团结互信，全面深化上海合作组织合作》的重要讲话。成员国
元首发表《上海合作组织成立十五周年塔什干宣言》和《新闻
公报》，批准《〈上海合作组织至 2025 年发展战略〉2016～2020
年落实行动计划》等文件，见证签署印度、巴基斯坦加入上合组
织义务的备忘录，有关部门授权代表签署了《上海合作组织成员
国旅游合作发展纲要》。

2017 年 6 月 9 日，上合组织元首理事会第十七次会议在哈萨
克斯坦阿斯塔纳举行。与会各方围绕上合组织发展现状、任务和
前景，以及国际和地区重大问题等交换意见，达成广泛共识。
习近平主席在会上发表《团结协作，开放包容，建设安全稳定、
发展繁荣的共同家园》的重要讲话。成员国元首签署并发表
《阿斯塔纳宣言》，发表《上海合作组织成员国元首关于共同打
击国际恐怖主义的声明》，签署《上合组织反极端主义公约》，

批准给予印度、巴基斯坦上合组织成员国地位等 7 份决议。上海合作组织秘书长阿利莫夫高度评价中国近年来对上海合作组织作出的巨大贡献，"我们一直与中国保持着紧密合作，也在中国的支持下成功举办了许多活动。我们相信明年在北京举办的上海合作组织峰会将精彩纷呈。"①

2018 年 6 月，上海合作组织峰会在中国青岛召开。此次青岛峰会规模大、级别高，成果多，创造了一系列上合组织的纪录。这次是上合扩员后首次召开的峰会。来自 12 个国家的国家元首或政府首脑、10 个国际组织或机构的负责人齐聚青岛，注册外宾超过 2 000 人。上合领导人全面规划了组织未来的路径和方向，达成了一系列重要共识，签署了 23 份合作文件。峰会的成果主要体现在三个方面：一是突出了互信、互利、平等、协商、尊重多样文明、谋求共同发展的"上海精神"；二是在青岛宣言中确立了人类命运共同体这一共同理念；三是提出了全球治理的上合主张。青岛峰会期间，中国宣布了支持上合组织合作的一系列重要举措，包括未来 3 年为各方培训 2 000 名执法人员，提供 3 000 个人力资源开发培训名额，在上合组织银联体框架内设立 300 亿元人民币等值专项贷款，设立"中国—上海合作组织法律服务委员会"，在青岛建设中国—上海合作组织地方经贸合作示范区等等。这些举措结合中方优势，紧扣各方需求，有利于组织发展，受到普遍欢迎。②

（二）中国积极推动上海合作组织经济发展

中国提出的"一带一路"倡议不签新条约，不建新机制，而是发挥现有平台的作用，把各国现有的发展计划进行有机连

---

① 《中国对上海合作组织作出巨大贡献——访上海合作组织秘书长阿利莫夫》，载于《人民日报》2017 年 6 月 9 日。
② 王毅：《上海合作组织发展进程中一座新的里程碑》，载于《人民日报》2018 年 6 月 11 日第 4 版。

接，把现有的内外需求进行整合统筹，通过内外联动，实现共同发展。上合组织成员都是"丝绸之路经济带"沿线国家，上合组织的发展成就为"丝绸之路经济带"建设奠定了坚实基础。"丝绸之路经济带"是一组宽广包容的道路，代表了崛起中国的全球化之路。它不同于传统的区域经济合作模式，它是一种复合的、共赢的、开放的合作与交流方式，促进各国充分发挥地缘上的优势，开辟一条不同发展水平、不同文化传统、不同资源禀赋、不同的社会制度国家间开展平等合作，共享发展成果的有效途径。[①] 从中俄关系看，2014 年 5 月 21 日，中俄两国在上海签署两国政府东线天然气合作项目备忘录、中俄东线供气购销合同两份能源领域重要合作文件。根据合同，未来 30 年俄罗斯每年向中国提供 380 亿立方米的天然气，总价值高达 4 000 亿美元。同年 11 月，中石油发布消息称，公司已与俄罗斯天然气工业股份公司签署《关于沿西线管道从俄罗斯向中国供应天然气的框架协议》，协议规定未来俄罗斯通过中俄西线天然气管道向中国供气，确定供气规模 300 亿立方米/年。2015 年 5 月 8 日，中国国家主席习近平在莫斯科会晤，签署了莫斯科—喀山高铁项目等 32 项大单，加强在交通、能源、航天、金融、新闻媒体领域合作，签署了有关"欧亚经济联盟"和"丝绸之路经济带"的联合声明。从中哈关系看，2014 年 5 月中哈共同启动了中哈连云港物流场站项目，旨在增加从这里运往欧洲和波斯湾的货运。2015 年 3 月 27 日，国务院总理李克强同来华进行工作访问并出席博鳌亚洲论坛 2015 年年会的哈萨克斯坦总理马西莫夫举行会谈。中哈决定开展大规模产能合作，将中国"一带一路"倡议同哈萨克斯坦"光明大道"计划相衔接。两国签署了钢铁、有色金属、平板玻璃、炼油、水电、汽车等广泛领域产能合作的

---

① 孙壮志：《丝绸之路经济带语境下中国与中亚的合作》，载于《中亚研究》2014 年第一辑，第 12 页。

33 份文件，项目总金额达 236 亿美元。^① 从中国和塔吉克斯坦来看，双方准备制定《2015～2020 年战略伙伴关系合作纲要》，推进中国–中亚天然气管道工程，以及塔方输变电路改造、交通和边境口岸设施建设、工业园、农业技术示范区等合作项目，促进文化、教育、旅游合作。^② 在"一带一路"对接过程中，2017 年 10 月，中国、吉尔吉斯斯坦、乌兹别克斯坦三国陆路货运试运行正式启动。此外，中俄蒙三国已就丝绸之路经济带同俄罗斯跨欧亚大铁路及蒙古草原之路倡议相结合，打造中俄蒙经济走廊达成一致。

中国提出的"一带一路"倡议，坚持共商、共建、共享的合作理念，推动地区经贸合作进入新阶段，形成了产能合作、互联互通、金融合作、贸易合作"四大平台"。

在产能合作上，中国的主要措施是发展边境的跨界合作区，建立境外经贸合作区，在海外建立中国工业园。2006 年，中哈共同设立了中哈霍尔果斯国际边境合作中心，成为全球首个跨境自由贸易区。截至 2017 年底，中国已经同 30 多个国家开展了机制化产能合作，在"一带一路"沿线 24 个国家推进建设 75 个境外经贸合作区。

在互联互通上，主要以中亚地区为纽带，推动基础设施建设，其中有四条通道通过中亚。2017 年 11 月，东起新疆喀什，穿过吉尔吉斯斯坦南部城市奥什市，最终到达乌兹别克斯坦首都塔什干的中吉乌公路试运行成功，大大提升了地区国际道路运输便利化水平。2016 年中欧班列统一品牌标识，中俄同江铁路桥工程开工。中俄界河无跨江桥梁通道的

---

① 《中国与哈萨克斯坦签署 236 亿美元产能合作协议》，证券时报网，2015 年 3 月 27 日。http://finance.ifeng.com/a/20150327/13589445_0.shtml.（上网时间：2016 年 4 月 5 日）。

② 《国家主席习近平在上海会见塔吉克斯坦总统拉赫蒙》，中央政府门户网站，www.gov.cn.（上网时间：2014 年 5 月 19 日）。

历史正在改写。

在金融合作上，中国与俄罗斯、哈萨克斯坦、蒙古国、乌兹别克斯坦等上海合作组织成员国或观察员国签署了本币互换协议，不断推进本币贸易结算，为扩大相互投资提供了金融保证。

在电子商务方面，中国支持跨境电子商务发展，倡议成立电子商务工商联盟，迎接数字经济"红利"。据哈萨克斯坦Chocofamily 互联网公司创办人穆哈梁波夫预测，在 2016 年哈电子商务市场增长 63.7% 的基础上，2017 年，哈萨克斯坦电子商务市场将实现 31% 的增长，市场总额将达 3 400 亿坚戈，到 2020 年，电子商务市场交易额有望翻一番，达到 20 亿美元。中国的电子商务平台、电子支付手段为地区经贸合作注入了新的活力。

政策沟通取得进展，制定了上合组织区域经济合作"五年计划"。2016 年，上合组织成员国通过了《上合组织成员国贸易便利化专业工作组章程》，总理会议批准了《2017～2021 年进一步推动项目合作的措施清单》。清单涵盖了经贸、海关、质检、交通基础设施等 7 个领域共 38 项合作措施和项目。商务部和欧亚经济联盟委员会签署了《关于正式启动协议谈判的联合声明》，开始就《中国与欧亚经济联盟经贸合作》开始磋商。2017 年，李克强总理在参加上海合作组织成员国政府首脑理事会第十六次会议时，建议本着先易后难、循序渐进的原则，稳步推进贸易自由化便利化，加快商签《上合组织贸易便利化协定》，做好上合组织自贸区可行性研究，逐步建立区域经济合作制度性安排。中国还建议加强上合组织成员国间服务贸易合作，商签《上合组织成员国服务贸易合作框架》，提出 2018 年主办上合组织工商论坛，以增进企业间直接交流等。

（三）中国推动上海合作组织人文交流

中国努力加强与周边国家的人文交流，不断夯实睦邻关系的社会基础。"国之交在于民相亲""人民的深厚友谊是国家关系发展的力量源泉"。① 2013 年 3 月，习近平主席访俄期间与普京总统共同宣布，中俄两国将于 2014 年和 2015 年互办中俄青年友好交流年，"期待着越来越多的中俄青年接过中俄友谊的接力棒，积极投身两国人民友好事业"。② 2014 年 5 月 15 日，在中国国际友好大会暨中国人民对外友好协会成立 60 周年纪念活动中，习近平发表讲话再次强调，"人民友好是促进世界和平与发展的基础力量，中国人民愿意同世界各国人民和睦相处、和谐发展，共同促进人类和平与发展的崇高事业。"③ 深入的文化交流和文明对话，为中国的对外交往打造了坚实的桥梁和纽带。

近年来，在中国的推动下，《上海合作组织成员国政府间关于建立和运营上海合作组织大学的协定》《上海合作组织成员国政府间科技合作协定》《上海合作组织科技伙伴计划》等科教领域合作不断推进，使地区长远合作有了更加坚实的基础。2013 年 9 月 7 日，国家主席习近平在哈萨克斯坦纳扎尔巴耶夫大学作重要演讲，并宣布为促进上海合作组织框架内青年交流，中国将在未来 10 年向上海合作组织成员国提供 3 万个政府奖学金名额。自 2014 年起，教育部计划连续 5 年邀请上海合作组织成员国中小学生来华，与中国中小学生共同开展夏

---

①②　习近平：《顺应时代前进潮流　促进世界和平发展——习近平在莫斯科国际关系学院的演讲》（2013 年 3 月 23 日，莫斯科），载于《人民日报（海外版）》2013 年 3 月 25 日。

③　《习近平出席中国国际友好大会暨中国人民对外友好协会成立 60 周年纪念活动并发表重要讲话》，中国政府网，http：//www.gov.cn/xinwen/2014 – 05/15/content_2680262.htm.（上网时间：2014 年 5 月 15 日）。

令营活动，已先后邀请塔吉克斯坦、俄罗斯、吉尔吉斯斯坦、哈萨克斯坦各 200 名中小学生来华。2015 年 12 月 15 日，国务院总理李克强主持上海合作组织成员国总理第十四次会议时表示，中方未来 5 年将向成员国提供每年 2 万人次的政府奖学金名额，落实好 3 年内为成员国培训 2 000 名人才的目标。2016 年 6 月 24 日，习近平在上海合作组织成员国元首理事会第十六次会议上表示，截至 2015 年，中方已经向各成员国累计提供近 25 000 个政府奖学金名额。2015 年 7 月，习近平主席在上合组织乌法峰会上宣布，为加强青年交往，自 2016 年起连续 5 年在华举办"上海合作组织青年交流营"。2016 年 8 月，首届"上海合作组织青年交流营"以"上合合作新未来"为主题，旨在增进上合组织成员国青年对中国的了解和理解，促进各国青年参与"一带一路"建设等区域合作。2017 年 6 月 9 日，在上海合作组织成员国元首理事会第十七次会议期间，上合组织成员国旅游部门代表在哈萨克斯坦首都阿斯塔纳共同签署了《2017 - 2018 年落实〈上海合作组织成员国旅游合作纲要〉联合行动计划》。行动计划旨在通过构建共同的旅游空间，增强成员国之间的旅游交流，进而有效挖掘上合组织成员国间旅游合作的巨大潜力，进一步巩固睦邻友好关系和深化民心相通。

当今中国日益走近世界舞台的中心，世界期盼中国在全球治理进程中发挥更大的作用。作为负责任的大国，中国以开放、包容的心态，努力将自身的发展变成与世界各国共同进步的机遇。2014 年 8 月 22 日，习近平主席在蒙古国国家大呼拉尔发表题为《守望互助，共创中蒙关系发展新时代》的演讲，提出"中国愿意为周边国家提供共同发展的机遇和空间，欢迎大家搭乘中国发展的列车，"搭快车"也好，"搭便车"也好，我们都欢迎。"2016 年 8 月，在推进"一带一路"建设工作座谈会上，习近平同志再次强调，中国欢迎各方搭乘中国发展的"快车""便车"，欢迎世界各国和国际组织参与到合作中来。上海合作组织是中国探索多边外交途径，参与区域合作，引领全球治理的重要平台，伴随国际影响力、感召力、塑造力的提高，中国的发展必将为上海合作组织的进步做出新的贡献。

第五章

上海合作组织机制建设的前景

上海合作组织通过平等互信的关系奠定了成员国之间协商、合作的基础。成员国共同面临的恐怖主义、极端主义、分裂主义威胁，又促使这种合作关系向机制化的国际合作组织形式发展。上合合作机制化建设不断完善，逐步形成一整套独特的体制、原则、规则和决策程序。目前，上合组织已经完成了初创阶段，进入了全面务实的发展时期，正处于不断机制化的进程之中。组织内部各领域合作不断深化扩展，地区安全合作和区域经济合作成为推动组织向前发展的"两个轮子"；设立了有执行能力的组织机构——秘书处和地区反恐怖机构，形成了定期和不定期的会议制度；通过了具有条约性质的组织章程——《上海合作组织宪章》和其他一系列法律文件，积极有效地开展了组织成员国之间各个领域的合作。

一、上海合作组织框架内的人员会晤机制

2003 年 5 月 28 日~5 月 29 日，上海合作组织成员国元首第三次会晤在莫斯科举行。六国元首签署和批准了《上海合作组织预算编制和执行协定》《上海合作组织元首会议条例》《上海合作组织总理会议条例》等文件，确定了首任秘书长人选和组织徽

标，发表了元首宣言。① 2004 年 1 月 15 日，上海合作组织秘书处正式成立，组织机制从此日臻完善。根据不完全统计，2001 ~ 2018 年，上海合作组织会晤次数超过千次，成员国间在不同领域的实质性合作不断推进。目前，上海合作组织已经形成了由会议机制和常设机构两部分构成的合作机制。

（一）上海合作组织的会议机制

会议机制主要包括国家元首会议、政府首脑（总理）会议。在元首和政府首脑会议下面，还分别设有外长、经济、交通、文化、国防、执法安全、监察、民政、边防等部门领导人年度定期和不定期的会晤机制。上海合作组织的基层协调机制是成员国国家协调员理事会。②

（1）国家元首会议。系上海合作组织最高权力机构，也是其决策机构。它的主要职能是确定组织活动的优先领域和基本方向；决定组织内部结构设置和运作的原则问题；决定组织与其他国家及国际组织相互协作的原则问题；研究迫切的国际问题。元首会议例会每年举行一次，例会主办国为组织轮值主席国。例会举办地按惯例由各成员国按国名的俄文字母顺序轮流举行。③ 除地区反恐怖机构外，本组织各机构的职能和工作程序由成员国元首会议批准的有关条例确定。

（2）政府首脑（总理）会议。主要职能是通过组织预算，研究和决定组织框架内具体领域，特别是经济领域合作的主要问题。政府首脑（总理）会议例会每年一次，例会主办国政府首脑（总理）担任会议主席，成员国政府首脑（总理）预先商定

---

① 上海合作组织官方网站：http：//www. sectsco. org/. （上网时间：2016 年 3 月 21 日）。

② 周杰：《上海合作组织内部矛盾探析》，载于《前沿》2014 年 9 月，第 118 ~ 119 页。

③ А. В. Лукин. Россия и Китай-Четыревекавзаимодействия. Москва：Весь Мир，2013г.

例会的举办地。通过组织预算，研究并决定组织框架内发展各具体领域，特别是经济领域相互协作的主要问题。

（3）外交部部长会议。主要职能是研究解决组织当前活动的重要问题，包括筹备元首会议，落实组织的决定，在组织框架内就国际问题举行磋商。必要时外交部部长会议可以本组织名义发表声明。外长会议例会按惯例通常安排在元首会议例会前一个月举行。如果由不少于两个成员国提出建议并经其他所有成员国外交部部长同意也可以召开外交部部长的非例行会议。例会和非例会的会议地点是通过相互协商确定的。一般由举办元首会议例会的成员国外长担任外长会议主席，任期自上次国家元首会议例会结束起至下次国家元首会议例会召开时止。外交部部长会议的主席可代表组织开展对外交往。

（4）各部门领导人会议。主要职能是根据国家元首会议和国家政府首脑（总理）会议的决定，研究和解决本组织框架内在各专业领域开展合作的具体问题。会议主办国有关部门领导人担任会议主席，举办地点和举办时间事先商定决定。为筹备和举办会议，经各成员国预先商定还可成立常设或临时专家小组，根据部门领导人会议确定的工作章程开展工作。目前，已建立起议长、最高法院院长、总检察长、国防部长、经贸部长、交通部部长、文化部部长及执法安全、紧急救灾等部门领导人的会议机制。

（二）上海合作组织的常设机制/机构

上海合作组织的常设机构主要包括国家协调员理事会、秘书处、地区反恐怖机构。

（1）国家协调员理事会。是上海合作组织日常活动的协调和管理机构，为国家元首会议、政府首脑（总理）会议和外交部部长会议作必要准备。各成员国的国家协调员由各成员国自行任命，理事会会议每年至少举行三次，理事会主席由元首会议例会举办国国家协调员担任。任期自上次国家元首会议例会结束起至下次国家元首会议例会召开时止。根据国家协调员理事会的工作条例，受外交部部长会议主席委托，国家协调员理事会主席可代表组织开展对外交往。

（2）秘书处是上海合作组织常设行政机构，主要是起到协调组织活动的作用，承担该组织框架内开展活动的组织技术保障工作，并为该组织年度预算方案提出建议。上海合作组织秘书处设在北京，于2004年1月正式启动，秘书处成员由各成员国常驻代表组成，根据上合组织条约法规文件协调本组织与观察员国和对话伙伴合作，就涉及本组织活动的问题同其他国家和国际组织联系，以及经成员国同意，就上述目标缔结相关文件。秘书处还可根据规范其活动的条约法规文件，同上合组织框架下的非政府机构开展合作。组织和协调上合组织观察团观察总统或议会选举以及全民公决的活动。秘书处由秘书长领导。秘书长由国家元首理事会会议根据外交部部长理事会会议的推荐任命。秘书长由各成员国公民按其国名的俄文字母排序轮流担任，任期三年，不得连任。塔吉克斯坦外交官拉希德·阿利莫夫为上海合作组织秘书处现任秘书长（见表5-1）。

表5-1　上海合作组织秘书处历任秘书长（2004~2018年）

届次	姓名	国籍
第一届	张德广	中国
第二届	博拉特·努尔加利耶夫	哈萨克斯坦
第三届	穆拉特别克·伊马纳利耶夫	吉尔吉斯斯坦
第四届	德米特里·梅津采夫	俄罗斯
第五届	拉希德·阿利莫夫	塔吉克斯坦

资料来源：根据上海合作组织秘书处网站综合整理：http://chn.sectsco.org/secretariat/。

（3）上海合作组织地区反恐怖机构执行委员会（反恐怖机构执委会）是上海合作组织的常设执行机构。2004 年 1 月地区反恐怖机构正式启动，驻地设在乌兹别克斯坦首都塔什干。其主要职能包括，同成员国和国际组织负责打击恐怖主义、分裂主义、极端主义问题的有关机构保持工作联系；加强成员国在应有关成员国请求准备和举行反恐演习，以及准备和举行打击恐怖主义、分裂主义、极端主义的缉捕和其他行动中进行协作；参与准备涉及打击恐怖主义、分裂主义、极端主义问题的国际法律文件草案；收集并分析反恐怖机构从成员国获取的信息，建立及补充反恐怖机构资料库等（见表 5 – 2）。

表 5 – 2　　　　　上海合作组织地区反恐怖机构历任主任

届次	姓名	国籍
第一届（2004 ~ 2006 年）	维亚切斯拉夫·卡西莫夫	乌兹别克斯坦
第二届（2007 ~ 2009 年）	梅尔扎坎·苏班诺夫	吉尔吉斯斯坦
第三届（2010 ~ 2012 年）	杰尼斯别克·朱曼别科夫	哈萨克斯坦
第四届（2013 ~ 2015 年）	张新枫	中国
第五届（2016 年至今）	叶甫盖尼·西索耶夫	俄罗斯

資料来源：根据上海合作组织地区反恐怖机构网站综合整理：http：//ecrats. org/cn/about/management/。

上海合作组织秘书处比地区反恐怖机构要高一格，两个机构都是独立工作，不过在重大事件上，每年地区反恐怖机构都要向秘书处报告。上合秘书处和秘书长对外可以代表上合组织，地区反恐怖机构则不能。①

---

①　《上合组织秘书处如何运作的》http：//theory. people. com. cn/n/2013/0913/c40531 – 22910707. html. （上网时间：2017 年 12 月 1 日）。

（三）上海合作组织非政府机构

上合组织框架内还设有两个非政府机构：实业家委员会和银行联合体。

1. 上海合作组织实业家委员会

实业家委员会根据上海合作组织成员国元首理事会决议于2006年6月在上海成立。常设秘书处设在莫斯科。该委员会属非政府组织，联合了成员国工商界最有权威的代表，旨在扩大上合组织经济合作，建立上合组织成员国实业界和金融界之间的直接联系和对话，促进落实政府首脑在经贸合作纲要中确定的多边项目。委员会最高机构是年度总会，会议确定委员会的主要工作方向，解决与其他国家实业界合作等重要问题。实业家委员会为独立组织，为上合组织成员国实业界代表参与上合组织框架内经贸、投资合作提出建议并进行专家评估。能源、信息技术、基础设施以及发展成员国过境潜力已成为实业界合作的主要方向。

2. 上海合作组织银行联合体

2005年10月，上海合作组织成员国元首理事会决议创立上海合作组织银行联合体。上海合作组织银行联合体成立的宗旨是为上合组织成员国政府支持的投资项目组建融资机制和提供银行服务。上海合作组织银行联合体委员会由各成员国一名代表组成。委员会会议在各方一致同意必要的情况下举行，但一年不少于一次。上海合作组织银行联合体职权包括：在协议框架下协调各方当前活动；确定新的潜在项目；审查项目的实施等。委员会主席由成员轮流担任。2017年6月举行了《上海合作组织银行联合体中期发展战略（2017～2022）》以及《上海合作组织银行联合体与中国丝路基金伙伴关系基础备忘录》的签约仪式。

为促进上合组织框架内实业界有效合作及落实经济目标，2007年8月16日上合组织实业家委员会与银行联合体签署了合作协定。

二、上海合作组织框架内的安全与 军事合作机制

自 2001 年 6 月 15 日上海合作组织正式成立至今，安全合作始终是该组织发展的主要动力和活力的来源之一。经过十多年的发展，上海合作组织以新型安全观为指导，签署了一系列旨在维护地区稳定、共同抵御各种现实威胁的法律文件，在安全领域开展了多部门、多层次的合作，并在打击三股势力、维护地区安全与稳定、推动欧亚乃至世界和平与安全进程方面发挥了积极作用。

（一）上海合作组织安全合作机制的发展历程

1. 第一阶段（1996～2001 年）

上海合作组织的安全合作源自传统安全领域的合作。为彻底解决冷战中遗留的中苏边境互信问题，1995 年 12 月，经过 22 轮谈判，中国同俄罗斯、哈萨克斯坦、吉尔吉斯斯坦、塔吉克斯坦四国组成的联合代表团，就中国与上述四国关于在边境地区相互裁减军事力量协定及其他有关文件的内容达成一致①。1996 年 4 月 26 日，五国领导人在中国上海签署了《中、俄、哈、吉、塔关于在边境地区加强军事领域信任的协定》。五国领导人的首次会晤不仅彻底结束了持续多年的军事对峙状态，而且开启了"上海五国"这一安全合作机制。这一机制的诞生为五国发展长期睦邻友好关系、解决地区内综合安全问题奠定了坚实的基础。在五国军事互信不断加深的同时，中亚地区安全形势却呈现出复杂化

---

① 郑蓉：《论上海合作组织框架中的安全合作》，载于《新西部》（下旬·理论版）2012 年第 22 期，第 25～36 页。

的趋势。1998 年 7 月 3 日，五国元首在阿拉木图会晤并发表《阿拉木图声明》，初步确立了共同应对民族分裂主义、国际恐怖主义及其他跨国犯罪等地区恶势力的职责，强调各方将采取措施，打击国际恐怖主义、有组织犯罪、偷运武器、贩卖毒品和麻醉品以及其他跨国犯罪活动，不允许利用本国领土从事损害五国中任何一国的国家主权、安全和社会秩序的活动。此后，"上海五国"机制逐步走向机制化，各国安全部门间的对话与合作不断加强。2000 年 3 月 30 日，中国、哈萨克斯坦、吉尔吉斯斯坦、俄罗斯和塔吉克斯坦五国国防部长在哈萨克斯坦首都阿斯塔纳会晤并签署了《联合公报》。五国国防部长强调，同意进一步加强军事领域的信任，加强五国边防部门间的合作，共同打击非法贩卖毒品、走私武器等跨国犯罪行为，绝不容忍民族分裂主义、宗教极端主义和恐怖主义，坚决反对这些势力在本国领土上从事针对别国的任何活动，并将共同采取有效措施对其进行打击[①]；共同举行预防危险军事活动、抢险救灾等方面的联合演练。

2. 第二阶段（2001～2005 年）

在这一阶段，上海合作组织的安全合作全面展开，在法规机制建设、打击"三股势力"及应对区外力量介入等方面取得了重大成就，成为维护地区稳定、应对多种安全威胁的重要力量[②]。此外，该组织还接纳了蒙古国、伊朗、巴基斯坦、印度为观察员国，并加强了同其他国家及组织的安全合作。2001 年上合组织成立当天，六国元首签署了《打击恐怖主义、分裂主义和极端主义上海公约》，一致主张以法律的形式将共同打击三股势力固定下来。这一举动充分说明各成员国对国际恐怖主义的重视程度。2002 年 6 月，上合组织第二次元首峰会签订《上海合作

---

① 许涛：《上海合作组织地区安全合作进程与前景分析》，载于《国际观察》2006 年第 2 期，第 38～43 页。

② 丁佩华：《论上海合作组织的区域安全作用》，载于《社会科学》2006 年第 10 期，第 76～82 页。

组织成员国关于地区反恐怖机构的协定》，对反恐机构的基本任务和职能做了明文规定，加大了反恐力度，安全合作进入新的阶段。为使联合反恐军事演习进一步机制化，2003 年 5 月 29 日，中、哈、吉、俄、塔国防部长共同签署了关于举行上海合作组织成员国武装力量联合反恐演习的备忘录。同年 8 月 6 ~ 12 日，上海合作组织成员国武装力量举行代号为"联合 - 2003"的联合反恐军事演习，开启了上海合作组织框架内多边联合反恐军事演习的先河。

中国积极推动上海合作组织的安全合作，不仅多次参与军事反恐演习，而且还在中国举办多次反恐研讨会。2004 年 6 月，上海合作组织地区反恐怖机构正式启动。在随后举行的塔什干峰会上，六国元首又签署了《上海合作组织成员国关于合作打击非法贩运麻醉药品、精神药物及其前体的协议》，以从根本上打击"三股势力"。2005 年阿斯塔纳峰会上，元首们批准了《上海合作组织成员国合作打击恐怖主义、分裂主义和极端主义构想》《上海合作组织地区反恐怖机构代表条例》等文件，为中亚地区稳定和发展起到了积极的促进作用。

3. 第三阶段（2006 ~ 2013 年）

2006 年 6 月 15 日，在上海合作组织成立五周年之际，六国元首再度相聚在组织诞生地上海。在此次峰会上，元首们签署了《上海合作组织成员国元首关于国际信息安全的声明》《上海合作组织成员国打击恐怖主义、分裂主义和极端主义 2007 年至 2009 年合作纲要》等重要文件，使该组织安全合作范围继续扩大。与此同时，为加强成员国的凝聚力，中国与俄罗斯和中亚成员国一道在组织的机制建设、合作实施等方面作出了积极的努力。上海合作组织的发展进入了一个新的阶段，在促进地区安全与稳定方面该组织发挥了日益重要的作用。2007 年 6 月在吉尔吉斯斯坦比什凯克举行的国防部长会议上签署了《关于举行联合军事演习的协定》，2008 年的杜尚别峰会上又签署了《上海合作组织成员国组织和举行联合反恐演习的程序协定》和《上海合作组织成员国政府间合作打击非法贩运武器、弹药和爆炸物品的协定》。2008 年 5 月 15 日，在国防部长会议上签署了《上海合作组织成员国国防部合作协定》，以加强应对地区安全面临的新挑战、新威胁的行动。按照该协定，上海合作组织成员国防务部门将着手制订并落实在相关领域加强合作的具体计划，包括打击"三股势力"方面的合作。这些文件的签署，有利于推动联合反恐演习机制化，促进成员国在联合打击"三股势力"等非传统安全领域深化合作，进一步落实禁毒合作协议和保障国际信息安全行动计划。

4. 第四阶段（2014～2017 年）

上海合作组织扩员机制形成，机制化建设成功推进。作为对外开放的地区性国际组织，上海合作组织自身机制建设在不断完善。2010 年的杜尚别峰会通过了《上海合作组织接收新成员条例》，从而正式确定了新成员的框架性文件，为扩大组织规模奠定了必要的法律基础。随着对吸收新成员的规则和章程呼声逐渐升高，加之近年来中亚地区形势复杂变化带来的压力，上海合作组织将发展新成员的工作列入元首会晤的主要议程中。2014 年 9 月 12 日，上海合作组织成员国元首理事会第十四次会议在塔吉克斯坦首都杜尚别举行，峰会批准的《给予上海合作组织成员国地位程序》和《关于申请国加入上海合作组织义务的备忘录范本》修订案，是完善上海合作组织法律基础的重要步骤，标志着正式打开了上合组织的扩员大门。① 2017 年 6 月，印度和巴基斯坦正式成为上海合作组织成员。这也是上合组织首次扩员。印度和巴基斯坦两国均为有影响力的地区大国，这两个地区大国申请加入上合组织，本身已印证了该组织在维护地区安全与稳定，应

---

① 《透视上合组织杜尚别峰会三大成果》，http://news.xinhuanet.com/world/2014 - 09/13/c_1112468459.htm.（上网时间：2015 年 5 月 15 日）。

对新威胁和新挑战，加强经贸、人文合作等方面发挥着重要的积极作用。每年都有不同国家申请加入上海合作组织，相关国家申请加入组织是上合国际影响力和吸引力不断上升的体现，同时扩员也是上合组织走向成熟的一个标志。[①]

5. 第五阶段（2017 年首次扩员后的上海合作组织）

上海合作组织完成自成立以来的首次扩员，不仅翻开了国际关系史上的新一页，同时对上合组织来说也是一个历史新起点。随着影响欧亚地缘政治格局发展的各种力量呈现出的复杂、多元趋势，尤其是面对大国竞争在欧亚地区再次显露，中亚地区"三股势力"试图掀起新一轮的动荡，上合组织反恐形势面临挑战。2017 年上合组织阿斯塔纳峰会期间发表了关于共同打击国际恐怖主义的声明，签署《上海合作组织反极端主义公约》，进一步凸显了本组织国家打击"三股势力"的坚定决心，夯实了上合组织执法安全合作的法律基础，有利于各方深化合作，为国际反恐斗争做出新贡献。从趋势上看，上海合作组织在扩员后的安全机制合作将更加深入。

（二）上海合作组织安全合作机制的基本框架

1. 增加互信作为推进安全合作机制建设的着力点

深化现有机制和逐步建立新型合作机制的关键在于寻求并不断扩大各成员国在中亚地区安全问题上的互信、共识及共同利益。上海合作组织各项安全合作纲要之所以落实缓慢，一个重要原因在于各方对多边安全合作的认识还没有取得完全一致，各方互信度不够高。在深化安全合作的同时，还要增强政治互信和提高经济、人文合作的水平，使双边关系达到更高的水平。有俄罗斯专家因此指出："深化中亚国家与俄罗斯和中国在解决现实问

---

① ШОС подошла к расширению，http：//www. kommersant. ru/doc/2684490. （上网时间：2015 年 5 月 12 日）。

题上的理解以及建立有效的解决共同任务的机制具有特殊意义。"
扩大利益共同点、增进互信是上海合作组织安全合作的必由
之路。

2. 以定期安全会议为基础

上海合作组织成员国安全会议秘书会议始于 2004 年 6 月,
是上海合作组织安全合作的协调和磋商机制。其主要任务包括:
研究、分析上海合作组织成员国所在地区安全形势;确定上海合
作组织安全合作方向;协调成员国在打击"三股势力"、跨国有
组织犯罪等方面的合作;向元首理事会提出开展安全合作的建
议,协助落实峰会通过的安全合作决议等。2015 年 4 月,上海
合作组织成员国安全会议秘书第十次会议在莫斯科举行,各方签
署了《上海合作组织成员国安全会议秘书第十次会议纪要》,认
为上海合作组织已经成为维护地区和平稳定的重要保障。定期召
开的安全会议为上海合作组织安全合作机制的建立奠定了良好的
基础,是上合成员国相互协商立场、共同应对安全挑战的合作载
体,有利于互信程度的提高及安全合作的不断深入与发展。加强
区域安全合作也是中国倡导的"命运共同体"和"新型国际关
系"的重要组成部分,是中国履行国际责任的体现。① 2016 年 4
月,上海合作组织成员国安全会议秘书第十一次会议在塔什干举
行,各方就所在地区的安全与稳定形势交换了意见,讨论了就打
击恐怖主义、分裂主义和极端主义,非法贩运武器和毒品及应对
当今其他挑战与威胁继续开展合作、完善协作机制等问题,重申
进一步打击恐怖主义、极端主义和分裂主义,非法贩运武器、麻
醉药品、精神药物等。2017 年 4 月,上海合作组织成员国安全
会议秘书第十二次会议在阿斯塔纳举行,会议讨论了上合组织扩
员背景下成员国在打击恐怖主义、分裂主义和极端主义,非法贩

---

① 李东燕:《中国参与区域组织安全合作:基本模式与前景》,载于《外交评
论》2017 年第 1 期,第 64~82 页。

运武器、毒品以及应对其他当今安全挑战与威胁方面深化合作、完善协作机制等问题，各方欢迎《上海合作组织反极端主义公约》草案顺利商定。

3. 以联合军演为突出特色

上海合作组织成立以来，已经举行了多次联合反恐军演，规模逐渐扩大，形式由双边发展到多边，参与国不断增多。为打击恐怖主义、分裂主义和极端主义这"三股势力"做出了巨大的贡献，"和平使命–2014联合反恐军演"，参演的五国部队共计7 000多人，其中俄罗斯军队1 000人左右，哈萨克斯坦、塔吉克斯坦、吉尔吉斯斯坦三国合计派兵1 000余人，作为东道主的中国则派出约5 000人。如果去掉后勤部队及航空兵部队，则基本可以看作一个旅级战斗群，有力地震慑了地区"三股势力"。2015年和2017年，在中国举行了两次网络反恐联合演习，进一步完善上合组织各成员国主管机关之间在查明和阻止利用互联网从事恐怖主义、分裂主义和极端主义方面的协作机制，交流相关工作经验做法，加强网络反恐领域的执法合作。此外，在上合组织的框架下，成员国之间联合军演，例如中俄海上联合演习、中吉塔等国的"天山"反恐演习等日益机制化。

4. 以多领域合作为方向

尽管安全合作和联合军演是上海合作组织的重要领域，但是近年来，面对新的国际形势和地区形势，以及非传统安全因素的不断出现，上海合作组织的合作范围也在不断扩大，已经形成了议长、安全会议秘书、外交、国防、救灾、经济、交通、文化、卫生、执法部门领导人、总检察长、最高法院院长会议等多机构和部门负责人定期会晤的机制。此外，上合组织的两个常设机构——秘书处和地区反恐怖机构，也为组织框架内的活动提供了行政、技术和信息保障。这些机制的发展加强了成员国间的团结协作，扩大了合作的领域范围，对于共同应对地区安全威胁发挥了重要的作用。安全合作范围逐渐拓宽，对综合安全的追求不断增强。可以预见，在新形势下，上海合作组织将进一步扩大安全合作的领域范围，不断推动着安全合作机制朝着多层面多领域的方向迈进。

5. 上海合作组织安全合作机制的特点

（1）奉行以"新安全观"为指导的安全合作理念。

上海合作组织安全合作是一种新型合作模式。20 世纪 90 年代中后期，中国提出了"摒弃冷战思维，树立新的安全观"的新安全理念，逐步确立了以互信、互利、平等、协作为核心的新安全观。新安全观的"新"主要体现在：第一，安全不能靠增加军备，也不能靠军事同盟，安全应当依靠相互之间的共同信任和共同利益联结，上海合作组织与作为军事政治性组织的北约组织不同，虽然在安全领域展开了军事合作，也定期举行联合军演，但是它不具有军事同盟的性质，即它不会采取军事手段来解决成员国之间的矛盾。[①] 第二，在承认军事安全的适当地位的同时，将促进地区和全球在非传统安全领域的合作作为新形势下实现国家安全利益、促进地区和全球安全稳定的主要途径。第三，强调国际合作应秉承互利互惠、平等协作的原则，反对谋求单方面安全。这种新安全观指导下的安全合作主要包括三个方面内容，分别是相互信任、合作安全以及裁军[②]。正是因为上海合作组织建立了对话机制、信任机制，选择了以新安全观为基础的安全合作模式才使问题得到很好的解决。2014 年 5 月 21 日，习近平主席在亚洲相互协作和信任措施会议第四次峰会上提出"共同、综合、合作、可持续"的新亚洲安全观，进一步凝练了

---

① 王雅平：《上海合作组织的初十年》，载于《卡内基中国透视》2011 年 7 月 1 日，http://chinese. carnegieendowment. org/publications/. （上网时间：2015 年 4 月 7 日）。

② 赵华胜：《上海合作组织的发展路径》，载于《新疆师范大学学报》2012 年第 2 期，第 25～36 页。

上合地区合作中的成功经验，为巩固地区安全拓展全球合作开辟了更广阔的前景。

（2）追求综合安全，传统、非传统安全并重。

《中、俄、哈、吉、塔关于在边境地区加强军事领域信任的协定》和中国同俄、哈、吉、塔《关于在边境地区相互裁减军事力量的协定》的签订，为五国发展长期睦邻友好关系，解决地区内综合安全问题奠定了坚实的基础。随着安全合作进程的逐步深入，在协商解决地区总体安全与宏观发展的国家元首会晤机制的指导下，有关各方对综合安全问题的关注程度在不断增加，开展综合安全的实践也不断深入。从1998年阿拉木图峰会首次将非传统安全问题纳入五国安全合作的范畴，到2001年六国元首签署《打击恐怖主义、分裂主义和极端主义上海公约》，2005年签署《上海合作组织成员国合作打击恐怖主义、分裂主义和极端主义构想》，再到2006年批准《上海合作组织成员国打击恐怖主义、分裂主义和极端主义2007年至2009年合作纲要》、2008年批准《上海合作组织成员国组织和举行联合反恐演习的程序协定》及《上海合作组织成员国政府间合作打击非法贩运武器、弹药和爆炸物品的协定》，充分表明上海合作组织正遵循渐进式的安全合作原则，逐步由双边合作向多边合作发展、由传统安全合作向非传统安全合作扩展，成为维护地区安全与稳定的重要力量。

在非传统安全领域，打击贩毒是典型的例证。贩卖毒品是恐怖主义活动的重要资金来源，为了更好地打击恐怖主义活动，截断恐怖主义的经济来源，上海合作组织在《上海合作组织宪章》中明确载明要打击非法贩毒、武器走私和非法移民等跨国犯罪活动。2015年的乌法峰会上，上海合作组织成员国元首再次发布了关于应对毒品问题的声明。上合组织同有关国家、国际组织开展的对话和合作有力地打击了毒品贩卖，维护了地区和世界安全稳定。

（3）不断强化机制建设。

上海合作组织作为一个新兴的地区多边安全合作机制，具有地区性多边安全合作机制的共有特性，即地区性多边国际安全合作机构能否有效发挥作用，机制化建设是一个关键性因素。基于对"机制"在多边合作中作用的认识，上海合作组织逐步将一般性安全磋商转变为机制化的安全合作模式，建立了非常设机制、常设机制以及民间沟通机制等三种保障安全合作顺利开展的机制化形式①。该组织框架内的非常设机制也很多，其中的执法安全部门领导人会晤、安全秘书会议、国防部长会晤以及紧急救灾部门领导人会晤、联合军演、防务安全论坛等机制对安全合作起到了重要的保障和促进作用。常设机制包括设在北京的秘书处和设在塔什干的地区反恐怖机构。上海合作组织的安全机制化建设稳定推进，元首峰会、国家安全会议秘书会议、国防部长等会晤机制有条不紊地展开，并通过实施气象水文保障、维和、反恐、举行联合军事演习等行动不断完善军事合作机制。

自成立以来，上海合作组织通过了《打击恐怖主义、分裂主义和极端主义上海公约》《上海合作组织反恐怖主义公约》《上海合作组织成员国打击恐怖主义、分裂主义和极端主义 2013 年至 2015 年合作纲要》《上海合作组织成员国保障国际信息安全政府间合作协定》《2011～2016 上海合作组织成员国禁毒战略》《上海合作组织成员国长期睦邻友好合作条约》《上海合作组织成员国关于合作打击非法贩运麻醉药品、精神药物及其前体的协议》《上海合作组织关于应对威胁本地区和平、安全与稳定事态的政治外交措施及机制条例》《上海合作组织反极端主义公约》

---

① LepessovaAliya：《上海合作组织区域安全合作法律问题研究》，上海交通大学硕士学位论文，2012 年。

等一系列重要文件，让上海合作组织的安全合作有法可依、有章可循。目前，上海合作组织安全合作进入深度磨合期，许多深层次的问题逐渐显现，新挑战层出不穷，安全机制建设的任务依然繁重。

三、上海合作组织框架内的经济与能源合作机制

经贸合作方面最显著的法规就是《上海合作组织成员国多边经贸合作纲要》及落实措施计划。2003 年 9 月 23 日上海合作组织成员国政府总理会晤在北京举行，批准了《上海合作组织成员国多边经贸合作纲要》（以下简称《纲要》）。《上海合作组织宪章》和《上海合作组织成员国政府间关于区域经济合作的基本目标和方向及启动贸易和投资便利化进程的备忘录》的条款是制定《纲要》的基础。《纲要》是指导该组织未来开展区域经济合作的纲领性文件，它的签署标志着该组织区域经济合作进程已正式启动。根据《纲要》规定，成员国将在完全平等、市场关系、相互尊重、互利、非歧视和开放性、循序渐进、通过相互协商建设性解决出现的问题以及兼顾各国利益的原则基础上发展和扩大合作。《纲要》主要由基本目标和任务、合作的优先方向以及纲要实施机制三个部分构成。《纲要》制定了长、中、短三个阶段的基本目标和任务，旨在长期实施业已商定的"一揽子"举措，支持和鼓励上海合作组织成员国经贸合作，发展互利经济联系，使各国经济重点领域生产和投资合作取得进展，并在此基础上增加相互贸易额，以提高居民生活水平。机制不断完善，为上海合作组织经济合作提供了有力支撑。

在贸易领域，随着区域内贸易合作环境的逐渐改善，区域内

贸易规模迅速扩大,2001～2008 年贸易增长尤为迅速。2009 年受世界金融危机的影响,各成员国进出口贸易额出现了大幅度下滑的情况。2010～2014 年,各成员国的贸易额不断回升。2014 年后,部分成员国贸易额出现下降。近两年,成员国经济下降趋势变缓,2016 年俄罗斯经济下降趋势放缓(增长率 -0.2%);哈萨克斯坦增长率 1%;吉尔吉斯斯坦、塔吉克斯坦和乌兹别克斯坦三国经济增速加快,增长率分别为 3.8%、6.7% 和 7.8%。为贸易额进一步提升奠定了基础。2017 年 1～12 月,中国与中亚双边贸易额为 4.35 亿美元,同比增长 12.4%。[①] 当前,中国积极推进"一带一路"倡议,2017 年扩员后的上合组织成员国不但包括"一带"国家,还包括"一路"国家,未来经贸合作呈现更多亮点。

在投资领域,上海合作组织自开展区域经济合作以来,各成员国不断修订完善有关外资的法律法规,改善本国的投资环境,与上海合作组织成立之初相比,2017 年各成员国的整体商业环境有长足进步。上海合作组织各成员国不仅强调吸引外资的重要性,同时也要注重对外投资的必要性。

在能源领域,上海合作组织各成员国均是能源十分丰富的国家。俄罗斯拥有丰富的石油资源,是世界石油输出大国。而中亚国家也均属于资源型国家,被誉为 21 世纪的能源基地。而中国、印度等国是能源消费大国,上海合作组织内部的能源合作潜力巨大(见图 5 -1、表 5 -3)。

---

① 《2017 年 1～12 月中亚双边贸易额同比增长 12.4%》,http://silkroad. news. cn/2018/0205/83086. shtml.(上网时间:2015 年 7 月 5 日)。

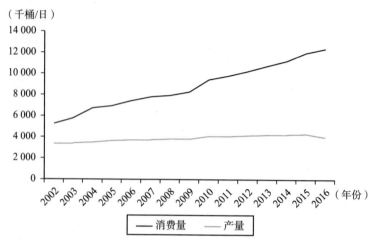

（千桶/日）

图 5 - 1　中国石油产量和消费量对比

注：据国际能源署（IEA）预测，从 2005 年到 2030 年，中国对能源的需求在不断扩大，中国的煤炭和石油的消费将以每年增加 3.2% 和 3.7% 的比例上涨，天然气的消费也将以每年 6.4% 的比例上涨。

资料来源：BP Statistical Review of World Energy 2017.

表 5 - 3　　　中国煤、原油和天然气的储备
生产及消耗（2016 年）

能源类型		煤	原油	天然气
蕴藏量	探明储量（百万吨）	244 010	3.5	5.4
	占国际比重（%）	21.4	1.5	2.9
	储藏消耗比	73	17.5	38.8
年产量	生产（百万吨）	1 685.7	199.7	138.4
	同比上年增长（%）	-7.9	-7.2	1.4
	占国际比重（%）	46.1	4.6	3.9
消耗量	消耗量（百万吨）	1 887.6	578.7	210.3
	同比上年增长（%）	-1.6	2.7	7.7
	占国际比重（%）	50.6	13.1	5.9

注：煤蕴藏量单位为百万吨，年产量和消耗量为百万石油当量。

资料来源：根据 BP 世界能源统计观察（2017 版），http://www.bp.com/statisticalreview 数据整理得出。

在金融领域，上合组织银行联合体（以下简称"上合组织银联体"）发挥着越来越重要的作用，上合组织银联体是依据 2005 年 10 月 26 日签署的《上海合作组织银行间合作（联合体）协议》成立的，是为上合组织成员国政府支持的、在其优先合作方向进行的投资项目提供金融和银行服务的机制。2017 年 6 月 8 日，在上合组织银行联合体理事会主席、哈萨克斯坦开发银行董事会主席巴拉特·扎米舍夫的主持下，上合组织银行联合体（银联体）理事会会议在阿斯塔纳召开。上合组织秘书长拉希德·阿利莫夫出席会议。他高度评价哈萨克斯坦开发银行就扩大与上合组织现有金融机构合作所做的工作，呼吁银联体与上合组织实业家委员会在双方合作协议框架下积极合作，会议期间，举行了《上海合作组织银行联合体中期发展战略（2017～2022）》以及《上海合作组织银行联合体与中国丝路基金伙伴关系基础备忘录》的签约仪式，在上合组织银联体进一步发展的新战略中明确规定了其发展的优先项。

随着上海合作组织的不断发展壮大，区域经济合作涉及的领域也在不断扩展，除了贸易、投资、能源三大领域外，交通、电信、电力网络、环保、旅游等领域也逐渐启动。在一系列法律文件的指导下，区域内的电信、电力网络已初具规模，中国的华为等电信公司已经成功进入中亚市场，俄哈吉向中国输电项目也在顺利展开。此外，区域内的旅游、环保合作项目也取得了一定成绩。近年来，中俄之间的旅游交往频繁，游客量呈逐年上升趋势，2017 年 6 月 9 日，在上海合作组织成员国元首理事会第十七次会议期间，上合组织成员国旅游部门代表在哈萨克斯坦首都阿斯塔纳共同签署了《2017～2018 年落实〈上海合作组织成员国旅游合作纲要〉联合行动计划》（以下简称"行动计划"）。行动计划旨在通过构建共同的旅游空间，增强成员国之间的旅游交流，进而有效挖掘上合组织成员国间旅游合作的巨大潜力，进一步巩固睦邻友好关系和深化民心相通。

除了人员会晤、经贸、安全等机制外，上海合作组织框架内的人文合作机制也逐渐形成。在上海合作组织框架下还建立了自己的组织艺术节，通常在上海合作组织峰会期间演出，体现上海合作组织各国特色的精彩节目，展示欧亚大陆历史悠久又丰富多样的文化与风情。上海合作组织各国积极交换留学生和学者、相互学习对方语言，还办起了上海合作组织大学，上海合作组织大学项目院校由来自上海合作组织 5 个成员国的 74 所院校组成，其中哈萨克斯坦 14 所、中国 20 所、吉尔吉斯斯坦 9 所、俄罗斯 21 所、塔吉克斯坦 10 所，上海合作组织大学框架内活动日益丰富，使之成为成员国教育体系多边协作的创新机构。

上海合作组织积极建立对外交流与合作机制，上合组织是联合国大会观察员，2005 年以来上海合作组织秘书处先后同东盟秘书处、独联体执委会、欧亚经济共同体、集安条约组织、中西亚经济合作组织、联合国亚太经社理事会和联合国秘书处等多个国际、地区组织建立了合作关系，同阿富汗建立了上海合作组织——阿富汗联络组。上合组织先后就本地区恐怖袭击事件、日本核泄漏、乌克兰危机等一系列重大问题表明原则立场，倡议召开阿富汗问题国际会议，彰显其已成为国际地区事务中的建设性力量。

未来上海合作组织的经济职能仍有很大发展潜力：一是完善区域金融机制、货币结算机制，提升上海合作组织的世界经济话语权；二是服务双边贸易，促进区域一体化，积极探索建立自贸区的可能性；三是在加强与其他国际组织联系合作，共同推动国际经贸秩序向着更加公正合理的方向发展。

上海合作组织在机制化进程中，展现了以大小国家共同倡导、安全先行、互利协作、文化互补为特征的新型区域合作模式，对中亚地区的发展具有深远影响。上合组织这种摆脱了冷战思维的新安全观和不断创新的经贸合作机制，无疑为探索地区合作新模式提供了有益借鉴。

第六章

上海合作组织扩员带来的
机遇和挑战

在 2017 年的阿斯塔纳峰会上，印度和巴基斯坦成为上合组织的正式成员国。这是上合组织成立后的首次扩员，具有重要意义。扩员使上海合作组织突破了"中国＋后苏联空间"的组合模式，为组织的发展带来了更多潜力和空间，同时也带来了新的机遇和挑战。

一、上海合作组织成员现状与扩员的法律基础

（一）上海合作组织的成员现状

上海合作组织起源于 1996 年成立的"上海五国"会晤机制，是中国、俄罗斯、哈萨克斯坦、吉尔吉斯斯坦和塔吉克斯坦五国关于加强边境地区信任和裁军的谈判进程组织。2001 年乌兹别克斯坦申请加入"上海五国"，上海合作组织正式成立。自 2001 年成立以来，上合组织采用了正式成员国、观察员国与对话伙伴国等丰富灵活的合作机制。2017 年上合组织迎来了历史上的首次扩员，印度和巴基斯坦的加入使上合组织的正式成员国从 6 个

变成了 8 个。目前正式成员国有：中国、俄罗斯、哈萨克斯坦、乌兹别克斯坦、塔吉克斯坦、吉尔吉斯斯坦、印度和巴基斯坦 8 国。观察员国有 4 个国家，分别是蒙古国（2004 年）、伊朗（2005 年）、阿富汗（2012 年）和白俄罗斯（2015 年）。对话伙伴国分别是斯里兰卡（2009 年）、土耳其（2012 年）、阿塞拜疆（2015 年）、亚美尼亚（2015 年）、柬埔寨（2015 年）和尼泊尔（2015 年）（见表 6 – 1）。

表 6 – 1　　　　上海合作组织成员组成情况表（2017 年）

成员国	观察员国	对话伙伴国	与会客人
哈萨克斯坦	伊朗	斯里兰卡	独立国家联合体
吉尔吉斯斯坦	蒙古国	阿塞拜疆	东南亚国家联盟
中国	阿富汗	亚美尼亚	联合国
俄罗斯	白俄罗斯	柬埔寨	欧亚经济联盟
塔吉克斯坦		尼泊尔	美国
乌兹别克斯坦		土耳其	
印度			
巴基斯坦			

（二）上海合作组织扩员的法律基础

随着上合组织的不断发展壮大，越来越多的国家希望成为上合组织的成员国，不少国家也希望成为本组织观察员国和对话伙伴。扩员问题成为上合组织未来发展面临的重大课题，扩员问题相关政策文件的完善为上合组织扩员的稳步进行提供了法律依据。

2002 年签署的《上海合作组织宪章》第十三条和第十四条简单介绍了吸收新成员国的基本原则以及同其他国家和国际组织的相互关系。上海合作组织扩员准备工作始于 2004 年，塔什干峰会签署的《观察员地位条例》规定了获得观察员国地位的条件、程序,观察员国的法律地位以及权利和义务。2008 年杜尚别峰会上,上海合作组织元首们签署了《上海合作组织对话伙伴条例》,这一条例是继 2004 年建立观察员机制以来,上合组织在对外交往领域的又一重大举措,对话伙伴机制为上合组织与更多国家及国际组织建立联系和开展合作奠定了基础。此后上海合作组织不断制定与扩员问题相关的法律法规,进一步完善上海合作组织扩员的法律基础。2010 年签订了《上海合作组织接受新成员条例》《上海合作组织程序规则》等文件。2014 年杜尚别峰会通过了《给予上海合作组织成员国地位程序》和《关于申请国加入上海合作组织义务的备忘录范本》,正式打开了上合组织扩员的大门。2015 年签署的《上海合作组织成员国元首乌法宣言》正式开启了接收印度和巴基斯坦的进程。2016 年的塔什干峰会上,上海合作组织迈出了扩员进程中的重要步伐,签署了关于印度、巴基斯坦加入上合组织义务的备忘录。2017 年阿斯塔纳峰会签署了《关于完成接收印度共和国加入上海合作组织程序并给予其上海合作组织成员国地位的决议》《关于完成接收巴基斯坦伊斯兰共和国加入上海合作组织程序并给予其上海合作组织成员国地位的决议》和《关于给予印度共和国和巴基斯坦伊斯兰共和国上海合作组织成员国地位背景下上海合作组织成员国会费比例的决议》,至此,印度和巴基斯坦完成了加入上合组织的程序,正式成为上合组织的成员国,揭开了上合组织发展的新篇章(见表 6 - 2)。

表 6 - 2　上海合作组织扩员的法律文件 (2002 ~ 2017 年)

文件名称	签署地点	签署时间
《上海合作组织宪章》	俄罗斯圣彼得堡	2002 年
《上海合作组织观察员条例》	乌兹别克斯坦塔什干	2004 年

文件名称	签署地点	签署时间
《上海合作组织对话伙伴条例》	塔吉克斯坦杜尚别	2008 年
《上海合作组织接受新成员条例》	乌兹别克斯坦塔什干	2010 年
《上海合作组织程序规则》	乌兹别克斯坦塔什干	2010 年
《给予上海合作组织成员国地位程序》	塔吉克斯坦杜尚别	2014 年
《关于申请国加入上海合作组织义务的备忘录范本》修订案	塔吉克斯坦杜尚别	2014 年
《上海合作组织成员国元首乌法宣言》	俄罗斯乌法	2015 年
《关于印度共和国、巴基斯坦伊斯兰共和国加入上海合作组织义务的备忘录》	乌兹别克斯坦塔什干	2016 年
《关于完成接收印度共和国加入上海合作组织程序并给予其上海合作组织成员国地位的决议》《关于完成接收巴基斯坦伊斯兰共和国加入上海合作组织程序并给予其上海合作组织成员国地位的决议》《关于给予印度共和国和巴基斯坦伊斯兰共和国上海合作组织成员国地位背景下上海合作组织成员国会费比例的决议》	哈萨克斯坦阿斯塔纳	2017 年

二、上海合作组织的扩员动力

　　上海合作组织从最初解决边界问题的会晤机制，发展成以维护地区安全和促进经济发展为宗旨的区域性国际组织，展示了蓬勃的生命力。上合组织在地区性问题中发挥积极作用，激发了很多周边国家的强烈兴趣，得到了越来越多国家和地区的关注。上合组织的扩大和发展是"上海精神"的内在要求，是成员国实现发展利益的必然选择，也是上合组织吸引力与日俱增的直接体现。

（一）"上海精神"的内在要求

"上海精神"即互信、互利、平等、协商、尊重多样文明、谋求共同发展，是上海合作组织发展和壮大的基础，是上合组织成员国不断增强政治互信、深化合作的指导观念。自成立以来，上合组织始终以"上海精神"为核心，探索出了一条"结伴不结盟"的新型区域组织合作之路。"上海精神"改变了冷战时期意识形态决定国家关系的状况，对建设非对抗型的国家关系起到了重要作用。① "上海精神"所概括出来的新型合作原则，在实践中不断被证明是行之有效的。成员国一方面加强了在地区层面的合作，确立了一系列基本的行为规范，另一方面也促进了国家间战略关系的大幅提升，为双边合作营造了良好氛围。②

"上海精神"是与时俱进的精神，随着时代的发展和国际局势的变化，"上海精神"的内涵不断丰富。2018 年上合组织青岛峰会期间，习近平指出："上海精神"是我们共同的财富，上海合作组织是我们的共同家园。我们要继续在"上海精神"的指引下，同舟共济，精诚合作，齐心协力构建上海合作组织命运共同体，推动建设新型国际关系，携手迈向持久和平、普遍安全、共同繁荣、开放包容、清洁美丽的世界。③ 上合组织不是军事联盟，始终秉持开放姿态。在"上海精神"的指导下，上海合作组织已经发展成为维护地区安全和稳定、推动地区共同繁荣、促进国际关系民主化的重要推动力量，越来越多的国家希望加入上

---

① И. Ф. Кефели Геополитика Евразийского Союза：от идеи к глабальному проекту г. Санкт - петербург，2013г. С. 86.

② 孙壮志：《"上海精神"与时代相伴而行》，2018 年 5 月 15 日，中国报道，http：//www. chinareports. org. cn/djbd/2018/0515/4626. html.（上网时间：2018 年 9 月 24 日）。

③ 习近平：《弘扬"上海精神" 构建命运共同体——在上海合作组织成员国元首理事会第十八次会议上的讲话（2018 年 6 月 10 日，青岛）》，中华人民共和国中央人民政府，http：//www. gov. cn/gongbao/content/2018/content_5301804. htm.（上网时间：2018 年 10 月 5 日）。

合组织并发挥积极作用。

(二) 上合组织成员国的利益推动

成员国的利益需求是上合组织不断发展壮大的内部驱动力。尽管各成员国在组织中的地位和作用不同，有不同的利益诉求和政策主张，但合作与发展始终是上合组织的主流，上合组织的扩员符合各成员国的利益需求。实践表明，上海合作组织是符合各方需要的良好区域国际组织设计。①

上海合作组织是第一个在中国境内成立、以中国城市命名的国际组织。作为上合组织的创始国，中国在上合组织的发展中发挥了重要作用，为推动上合组织的安全、政治、经济、人文合作提出了多项倡议。对中国来说，上海合作组织的发展壮大具有重大意义，符合中国和平发展的长期战略。扩员后的上合组织有助于传播中国新型国家关系和发展理念，改善中国的国家形象，树立国际威望，建立反映"亲诚惠容"思想的合作模式。扩大后的上合组织有利于维护西部边疆地区的安全，促进中国与周边国家的良性互动，为经济发展提供稳定的周边环境。上合组织是"一带一路"倡议开展的重要平台，通过上合组织的扩员推动"一带一路"的建设进程，实现更广阔空间的互联互通，为"一带一路"重点项目的建设提供广泛支持。

俄罗斯将上合组织视为开展大国外交的重要平台。俄罗斯外交政策纲领性文件《俄罗斯联邦外交政策构想》（2000 年、2008 年、2013 年和 2016 年）中多次提到，新世纪的俄罗斯始终把独联体、后苏联空间定位为俄外交政策的优先方向。中亚地区对俄罗斯维护国家安全具有重要意义，俄罗斯将上海合作组织看作是独联体集体安全条约的补充，通过上合组织加强与中亚国家的安

---

① 高飞：《从上海合作组织看中国"新外交"的探索》，载于《国际政治研究》（季刊）2011 年第 4 期，第 76~88 页。

全合作，打击恐怖主义、毒品走私和跨国犯罪等，同时制衡西方国家在中亚地区不断扩大的影响。中亚国家也是俄罗斯重要的能源产地和商品市场，在俄罗斯的地缘经济战略中占有特殊地位。近年来亚太地区经济蓬勃发展，俄罗斯不断调整其"向东看"的外交战略。2010 年前后，俄罗斯国内开始出现将外交和经济注意力投放到亚太地区的观点，意图扩大在该地区的政治和经济影响力，之后"转向东方"的提法开始频繁出现在俄战略界。①上合组织的扩员是俄罗斯"向东看"政策继续延伸的重要平台。

促进地区国家间的经济合作与发展是上合组织的基本任务之一，上合组织的发展壮大符合中亚国家利益。尽管中亚各国的经济发展诉求不同，但扩大经济合作，加大对中亚地区的投资，加强交通网络和基础设施建设等是共同期待。深受恐怖主义、分裂主义和极端主义影响的中亚成员国受益于上海合作组织的安全合作，极大地威慑了威胁地区安全的"三股势力"。在阿富汗问题上，中亚成员国依托上合组织发挥了积极的建设作用，维护地区稳定的同时也为自身安全提供了保障。中亚成员国对上合组织的扩员问题持积极开放的态度。乌兹别克斯坦总统米尔济约耶夫表示，上合组织的扩员为多方面合作的进一步发展创造了良好机遇。哈萨克斯坦的官方也明确表示，上合组织的扩员有助于提高上合组织的国际威信。②

（三）上合组织的吸引力与日俱增

在全球经济持续低迷的后金融危机时代，亚太地区的经济形势仍保持增长态势，亚洲成为全球经济崛起的新动力。作为这一

---

① 马博：《俄罗斯"转向东方"战略评析——动机、愿景与挑战》，载于《俄罗斯研究》2017 年第 3 期，第 51 页。

② Расширение Шанхаиˇскоиˇ организации сотрудничества является одним из наиболе важных вопросов наданном этаперазвития, 2017 – 04 – 21, https：//ru. sputniknews. kz/politics/20170421/2067908/astana-odobryaet-polnopravnoe-chlenstvo-irana-v-shos-abdrah-manov. html. （上网时间：2017 年 12 月 22 日）。

地区重要的国际组织，上合组织在安全合作和经贸合作等领域取得了重要成果，吸引了越来越多国家的注意力，上合组织的影响力与日俱增。

上海合作组织以安全合作起家，在解决历史遗留的边界问题，建立边境地区军事互信和实现相互裁军等问题中发挥了重要作用。在不断发展的过程中，上合组织逐步加强在非传统安全领域的合作，维护了地区安全和稳定。上合组织在打击恐怖主义、分裂主义和极端主义"三股势力"，打击毒品走私和跨国有组织犯罪，进行抢险救灾和人道主义援助等方面开展了积极的防务安全合作。2011 年至 2015 年，上合组织成员国政府成功阻止了 20 起酝酿中的恐怖袭击，避免了 650 起具有恐怖主义和极端主义性质的罪行，取缔了 440 个恐怖主义训练营，解散了 1 700 名国际恐怖组织成员，逮捕了 2 700 多名非法武装团伙成员、同伙以及涉嫌参与犯罪活动的人员，引渡了 213 名与恐怖主义或极端组织有关的人员，其中多人被判处长期监禁，另将 180 名嫌犯列入通缉名单，揭露了 600 个秘密武器基地，并查获了 3 250 多件简易爆炸装置、1 万件枪支、约 45 万发弹药和 52 多吨炸药。[①]

上海合作组织成员国的贸易规模不断扩大，成员国经济增长快速。2001～2017 年间，上海合作组织成员国经济大幅增长，2017 年上海合作组织 6 个成员国（中、俄、哈、乌、吉、塔）GDP 总额约为 12.63 万亿美元，比 2001 年的 1.67 万亿美元增长了 7.56 倍。2001 年，上海合作组织 6 个成员国贸易总额为 6 720 亿美元。而 2017 年贸易总额增长到 4.9 万亿美元，增加了 7.2 倍。印、巴加入后，2017 年上海合作组织成员国贸易总额则达

---

① 拉希德·阿利莫夫：《上海合作组织在抗击和平与安全威胁中的作用》，https://www.un.org/zh/chronicle/article/20633.（上网时间：2018 年 8 月 20 日）。

到5.719万亿美元，区域贸易规模进一步扩大。① 上合成员国间的贸易联系日益加强，相互成为主要贸易伙伴。区域互联互通建设成效显著，成功完成了一些示范性基础设施项目的建设，连接本地区的能源、交通、电信等网络初显轮廓。上合组织成员国加强经贸领域的合作，利用各成员国之间在经贸领域互利合作的巨大潜力和广泛机遇，努力促进各成员国之间双边和多边合作的进一步发展以及合作的多元化。② 经贸合作成为上合组织发展的重要驱动力之一，如果没有经济功能作为基础，上海合作组织不会成为一个具有地区影响力和高能效的地区力量。③

三、上海合作组织扩员带来新机遇

2017年上合组织迎来了历史上的首次扩员，成员国从6国扩大至8国。扩员为上合组织带来新的发展机遇，各领域合作迎来新的契机，组织潜力进一步释放，国际威望和影响力进一步提升。

（一）政治收益

1. 上合组织的国际影响力进一步提升

扩员后的上合组织成为世界上最具影响力的区域性国际组织。上海合作组织是世界上幅员最广、人口最多的综合性区域合作组织，成员国的经济和人口总量分别约占全球的20%和40%。

---

① 《上海合作组织区域经济合作成就斐然》，人民网，2018年6月4日，http://world. people. com. cn/n1/2018/0604/c1002 - 30035160. html. （上网时间：2018年9月13日）。

② 中国现代国际关系研究所民族与宗教研究中心：《上海合作组织——新安全观与新机制》，时事出版社2002年版，第186页。

③ И. Ф. Кефели, Геополитика Евразайского Союза：От идеи к глабальному проекту, Петрополис, Санкт - Петербург, 2013г. С. 88.

上海合作组织拥有 4 个观察员国、6 个对话伙伴，并同联合国等国际和地区组织建立了广泛的合作关系，国际影响力不断提升，已经成为促进世界和平与发展、维护国际公平正义不可忽视的重要力量。[①] 上合组织不仅包括了社会制度不同、文化类型各异、发展水平不同的成员国，还包括存在长期矛盾冲突国家（如印度和巴基斯坦）成为他们开展合作与交流的平台。上海合作组织朋友圈不断扩大，地域涵盖中亚、南亚、西亚、东南亚，提升了上合组织的地缘政治优势。上合组织的开放性决定了其扩员的必然性，扩员又极大地提升了上合组织的国际地位。印度的加入意味着将"金砖国家"中的中、俄、印三国纳入上合组织中，拓展了上海合作组织的国际影响力和话语权。印度和巴基斯坦的加入必将提升上海合作组织的政治和经济合作潜力，提高上海合作组织的国际权威。[②]

2. 上合组织成为"一带一盟"对接的重要平台

印度和巴基斯坦成为正式成员标志着上合组织发展到了新阶段，有了新使命。上合组织正成为非西方世界的政治经济重心，上合组织将在国际社会中发挥更加积极的作用。2015 年中俄签署《中华人民共和国与俄罗斯联邦关于丝绸之路经济带建设和欧亚经济联盟建设对接合作的联合声明》，提出要实现"一带一盟"的对接，助力地区经济持续稳定增长，加强区域经济一体化，维护地区和平与发展。扩员后的上合组织将成为"一带一路"倡议和欧亚经济联盟对接的重要平台，具有推动合作的巨大潜力。上合组织内的合作项目能广泛吸引利益相同的成员支持并

---

① 《弘扬"上海精神"构建命运共同体——在上海合作组织成员国元首理事会第十八次会议上的讲话》，中华人民共和国中央人民政府，http://www.gov.cn/gong-bao/content/2018/content_5301804.htm.（上网时间：2018 年 9 月 10 日）。

② 《中华人民共和国和俄罗斯联邦联合声明》，新华社，2016 年 6 月 26 日，http://www.xinhuanet.com//politics/2016‐06/26/c_1119111908.htm.（上网时间：2018 年 7 月 9 日）。

投入"一带一盟"的发展中。① 重视发挥上合组织在"一带一盟"对接中的平台作用，秉持透明、相互尊重、平等、各种一体化机制相互补充、向亚洲和欧洲各有关方开放等原则，通过双边和多边机制，特别是上海合作组织平台开展合作。②

（二）安全收益

1. 上合组织安全合作的空间与实力显著增强

维护地区安全与稳定，打击恐怖主义、宗教极端主义和民族分裂主义三股势力以及贩毒、偷运武器和有组织犯罪是上合组织安全工作的重点。印度和巴基斯坦的加入将上合组织的合作范围从中亚延伸到南亚，扩展了上合组织的安全合作空间。印度和巴基斯坦两国长期遭受恐怖主义的威胁。根据美国国务院发布的报告数据显示，2016 年全球 55% 的恐怖袭击发生在伊拉克、阿富汗、巴基斯坦、印度和菲律宾这五个国家。③ 2017 年印巴加入后，上合组织八个成员签署了《上海合作组织反极端主义公约》《上海合作组织成员国元首关于共同打击国际恐怖主义的声明》以及《关于〈上海合作组织地区反恐机构理事会关于地区反恐机构 2016 年工作报告〉的决议》，印度和巴基斯坦正式加入上合的安全合作体系。印度和巴基斯坦在打击国际恐怖主义方面有着丰富的经验，上合组织反恐实践能力的提升正需要这种经验。④ 印巴的加入有助于强化上合组织国家间跨境反恐合作，实现情报

---

① Евразийская альтернатива Западу, 10 июля 2015, https：//lenta. ru/articles/2015/07/10/shanghaiorg/. （上网时间：2018 年 3 月 16 日）。

② 《中华人民共和国与俄罗斯联邦关于丝绸之路经济带建设和欧亚经济联盟建设对接合作的联合声明》，新华网，2015 年 5 月 9 日，http：//www. xinhuanet. com//world/2015 - 05/09/c_127780866. htm. （上网时间：2018 年 9 月 10 日）。

③ U. S. Department of State, Country Reports on Terrorism 2016, https：//www. state. gov/reports/country-reports-on-terrorism - 2016/. （上网时间：2017 年 12 月 10 日）。

④ 让·阿利莫夫：《上合组织现在的议程实质上是整个地区的发展议程》，上海合作组织官网，2017 年 12 月 9 日，http：//cn. scochn. beta2. ria. ru/news/20171219/367771. html. （上网时间：2018 年 4 月 9 日）。

资源共享，扩大地区反恐网络，上合组织反恐能力得到显著提高。印度拥有较高的军事水平，最新的"全球火力指数"显示，美国、俄罗斯和中国名列全球军力前三，印度排在世界第四位。① 印度的加入将增加上合组织的军事实力，提高上合组织维护地区安全，打击"三股势力"的能力。

2. 有助于进一步推进阿富汗和平进程

印巴两国的加入有助于发挥上合组织—阿富汗联络组的作用。阿富汗地理位置重要，是欧亚大陆的中心地带。阿富汗也是恐怖主义的主要策源地之一，毒品走私、有组织犯罪等问题十分严峻。美国撤军后阿富汗的安全稳定问题再次成为全球安全治理的难题。由于地理上的毗邻，上合组织成员国深受阿富汗问题的困扰。支持阿富汗政府和人民实现国家和平、稳定、繁荣，摆脱恐怖主义、极端主义和毒品犯罪，发挥联合国在促进阿富汗稳定和发展的国际合作中的核心协调作用，是上合组织的一贯立场。② 上海合作组织—阿富汗联络小组于 2005 年成立，是上合组织应对阿富汗问题的重要机制。而上合组织—阿富汗联络小组的作用有限，甚至曾一度中断过相关工作。阿富汗对印度和巴基斯坦而言有着不同的战略意义，在"阿富汗重建"中发挥了重要作用。印度和巴基斯坦加入上合组织后将参与上合组织—阿富汗联络小组的工作，有助于促进阿富汗问题的解决进程。

（三）经济收益

1. 经贸合作规模扩大，能源合作动力增强

作为世界人口大国和地区经济大国，印巴加入上合组织为成

---

① 《德媒：中国军力全球第三，美国军事预算比其他国家总和还多》，环球时报，2017 年 4 月 21 日，https：//world. huanqiu. com/article/9CaKrnK2721. （上网时间：2018 年 7 月 21 日）。

② 《上海合作组织成员国元首阿斯塔纳宣言（全文）》，新华网，2017 年 6 月 9 日，http：//www. xinhuanet. com/world/2017 – 06/09/c_1121118758. htm. （上网时间：2018 年 5 月 9 日）。

员国的经济合作提供更多可能。印度是世界人口大国，同时也是石油、天然气等资源相对贫乏的国家，确保能源安全成为印度对外战略的重中之重。巴基斯坦工业化程度偏低，尤其是工业制成品的国内生产能力不足。对巴基斯坦的国家安全和经济来说，能源危机比恐怖主义带来的威胁还要大。[①] 从进出口产品结构看，印巴以出口矿物产品、农产品、工业原材料和初级制成品为主，俄罗斯以出口能源和矿产品为主，中亚成员国主要出口能源、矿产品、农产品及少量初级制成品，中国则主要出口技术和资本密集型的工业制成品。[②] 印巴的加入能够扩大贸易规模，密切各国之间的经济联系。充分利用各国的经济优势，实现资源整合，不断发掘上合组织的经济合作潜力。

上合组织成员中既有能源供给大国，又有能源消费大国和能源过境国，能源资源对其有重要战略利益。在哈萨克斯坦、土库曼斯坦、乌兹别克斯坦和阿富汗，探明的石油储量总计达150亿吨，探明天然气储量不少于9万亿立方米，价值约3万亿美元。在与之相交的里海地区，天然气储量为14万亿立方米左右，石油储量为1 100亿~2 400亿桶之间，已探明的石油储量为70亿~100亿吨，仅次于海湾地区，被认为是21世纪的"第二个波斯湾"，其中60%~70%的石油集中在靠近阿塞拜疆和哈萨克斯坦的里海大陆架。[③] 2030年世界能源预测显示，未来一段时期占世界前三位的能源分别是——石油、天然气和煤炭……需求量

---

① 《巴基斯坦能源部长：能源危机猛于恐怖主义》，北极星电力网，2013年8月14日，http://news.bjx.com.cn/html/20130814/452732.shtml。（上网时间：2017年9月18日）。
② 白联磊：《上海合作组织扩员：新发展机遇与挑战》，载于《国际问题研究》2017年第6期，第56~69页。
③ 王海燕：《新地缘经济——中国与中亚》，世界知识出版社2012年版，第208页。

最大的亚洲国家是中国和印度。① 所以在上合组织内建立统一的能源政策和能源空间有重要的现实意义。上合组织的扩员有助于整合能源大市场，建立能源对话机制，加强双边和多边的能源合作。

2. 加快互联互通建设

国际区域间基础设施发展的不平衡，互联互通水平较低，已经成为制约经济发展的重要因素。中亚地区基础设施落后，基本上还处于苏联时期水平，严重制约了地区经济发展和合作的开展。改善基础设施，实现互联互通是中亚国家面临的重要任务。"一带一路"倡议的基本内涵是要打造"五通"，即政策沟通、道路联通、贸易畅通、货币流通、民心相通。道路联通的建设将使欧亚各国经济联系更加紧密、相互合作更加深入、发展空间更加广阔。

上合组织是"一带一路"建设的天然合作平台，其成员国、观察员国和对话伙伴国几乎覆盖了"一带一路"的主要地区。扩员后的上合组织将拉动交通运输网向南亚地区延伸。《上海合作组织成员国政府间国际道路运输便利化协定》的签署为建造新国际公路以及改造现有公路网络创造了广阔的机遇，促进整个地区的贸易和经济联系，增加各国相互间商品流通量，吸引投资。② 印度重视并积极开展与中亚国家联通的基础设施建设。印度推进东进战略，将融入东亚、参与"亚洲世纪"的构建视为崛起的必由之路，并拓展其在亚太地区的军事存在，密切与亚太

---

① В. И. Василенко, В. В. Василенко, А. Г., Шанхайская организация сотрудничества в региональной системе безопасности（политико - правовой аспект）, г. Москва, 2014 г. С. 20.

② 《上海合作组织支持加强互联互通建设》，上海合作组织官网，2017 年 7 月 6 日，http://chn.sectsco.org/news/20170706/306899.html.（上网时间：2017 年 9 月 20 日）。

国家的军事联系，主动参与亚太安全机制的建构。① 巴基斯坦重视"一带一路"道路相通建设带来的积极意义。"一带一路"不仅是道路的互联互通，而且是航海、航空和信息的互联互通，将为巴基斯坦带来新的市场和新的发展机遇。

四、上海合作组织扩员后的挑战

随着外部环境的变化和自身发展的需要，扩员后的上海合作组织被赋予了更多的使命和责任。上海合作组织将迎来新的发展机遇，也会面临更多挑战。继续维护上海合作组织的内部团结，提高组织的决策效率以及防范域外因素的干扰是对上海合作组织行稳致远的考验。

1. 印巴矛盾影响上合组织的稳定团结

一直以来，上合组织在调解印度和巴基斯坦两国矛盾和争端问题上被寄予厚望。一些专家认为扩员后的上合组织有助于调解印巴两国矛盾，是印巴双边敏感关系的稳定剂。而大部分专家对印巴两国加入后的上海合作组织发展前景表示担忧，认为印巴两国之间的领土争端、尖锐的政治矛盾和历史积怨与相互猜疑会影响上合组织的未来发展。印度曾多次表示，在印巴冲突中，第三方调解没有任何作用。② 印度和巴基斯坦成为正式成员后，印巴之间的矛盾可能会给上合组织内部的和谐带来一定的挑战。尽管印度和巴基斯坦签署了《上海合作组织成员国长期睦邻友好合作条约》等规范性文件，承诺不因印巴矛盾影响上合组织的议程和

---

① 綦大鹏、张弛：《亚太战略形势评析》，载于《现代国际关系》2014 年第 9 期，第 1~6 页。

② Ashok Sajjanhar, "India and the Shanghai Cooperation", June 19, 2016. https://thediplomat. com/2016/06/india-and-the-shanghai-cooperation-organization/. （上网时间：2017 年 9 月 20 日）。

发展，但现实情况是，印度与巴基斯坦之间的历史恩怨在短时间
内难以得到改善和解决，双方之间的敌对情绪一如既往。印巴两
国加入上合组织之后，双边擦枪走火和矛盾升级的形势并没有缓
和。2017 年印巴两国成为上合组织正式成员国后不久，双方在
克什米尔地区发生武装冲突。在 2017 年，印巴双方仅在克什米
尔地区就发生了 860 起边境冲突。① 上合组织为印巴两国争端提
供了一个和平解决的平台，而两国冲突根深蒂固，矛盾化解不会
一蹴而就。印巴矛盾极有可能成为使上合内部分裂、合作议程陷
入僵局的阻碍，上合组织在行动效率和内部团结等问题上可能会
受到印巴矛盾的影响。

2. "协商一致"的难度加大

上合组织极具吸引力的原因之一是国家无论大小强弱一律平
等，反对霸权主义和强权政治，上合组织在决策过程中采用"协
商一致"正是体现了这一原则。根据《上海合作组织宪章》第
十六条，本组织各机构的决议以不举行投票的协商方式通过，如
在协商过程中无任一成员国反对（协商一致），协议被视为通
过，但中止成员资格或将其开除出组织的决议除外，该决议按
"除有关成员国一票外协商一致原则通过"。"协商一致"的方式
是为了避免因投票表决而造成不同意见之间的对立或根本就达不
成一致，从而影响国际组织使命的完成。② "协商一致"原则照
顾了各成员国的利益，强调公平性。一致性的要求可能导致的结
果是，如一国存有异议，某些重要议题则难以继续推进。决策过
程会耗费相对较长时间，很大程度上制约了上海合作组织的决策
效率和决策能力。上合组织成员国数量的增加，会产生多元化的

① 《巴军伤亡 4 倍于印军！印巴武装冲突"战果"藏"水分"？》. 2018 年 1 月
25 日，新华网，http://www.xinhuanet.com/mil/2018－01/25/c_129798794.htm.（上
网时间：2018 年 4 月 25 日）。
② 叶宗奎、王杏芳主编：《国际组织概论》，中国人民大学出版社 2001 年版，
第 233～234 页。

利益需求，成员间的冲突与分歧也会增多，共识形成的难度随之增大，决策的产出受到多方的掣肘，决议的执行效力也会大打折扣。所以，在体现公平原则的条件下如何完善和调整决策机制，提高决策效率是上合发展道路上的难题。

3. 制度过剩的困境

上合组织覆盖区域内存在多个一体化倡议和合作机制，这些功能相似的制度机制在一定程度上限制了上合组织的发展空间。如何整合这些制度是上合组织可持续发展的重要考验。欧亚经济联盟成立于 2015 年，由俄罗斯领导建立，成员国包括俄罗斯、哈萨克斯坦、白俄罗斯、吉尔吉斯斯坦和亚美尼亚。欧亚经济联盟涉及能源、交通、工业、农业、关税、贸易、税收和政府采购等诸多领域，联盟的目标是在 2025 年前实现商品、服务、资本和劳动力的自由流动，终极目标是建立类似于欧盟的经济联盟，形成一个拥有 1.7 亿人口的统一市场，并推行协调一致的经济政策。2013 年中国提出了"一带一路"倡议，这一倡议致力于欧亚非大陆及附近海洋的互联互通，建立和加强沿线各国互联互通伙伴关系，通过加强国家间合作、整合各方资源，应对国际金融危机以来的发展难题。截至 2018 年 9 月，已有 130 多个国家和国际组织与中国签署了合作协议，"一带一路"关键项目和示范性工程纷纷"落地生根"，沿线国家人民有了越来越实实在在的获得感。[1] 秉持共商共建共享原则，"一带一路"建设成效显著，政策沟通不断深化、设施联通不断加强、贸易畅通不断提升、资金融通不断扩大、民心相通不断促进。2012 年印度在首次正式印度—中亚对话会上提出了连接中亚的政策，2016 年重启"北南运输走廊"，改善伊朗、俄罗斯、高加索和中亚间的交通线路，

---

① 《"一带一路"倡议五年成果丰富》，光明日报，2018 年 10 月 26 日，http://epaper. gmw. cn/gmrb/html/2018 - 10/26/nw. D110000gmrb_20181026_3 - 04. htm. （上网时间：2018 年 10 月 30 日）。

加强同中亚国家的互联互通。借加入上合组织的发展契机，印度积极推进与中亚国家的互联互通项目。上合组织区域内多种合作制度和合作机制的存在极易成为影响地区发展的牵绊，如何对接这些制度考验着上合组织的包容整合能力。

4. 域外因素的干扰

作为国际体系的主导国家，美国对上合组织的影响不容小觑。对美国来说，欧亚大陆是最重要的地缘政治目标。美国能否持久、有效地保持这种地位直接影响美国对全球事务的支配。[①] 一直以来，美国对上合组织的存在和发展怀有戒备之心，上合组织的发展壮大会直接影响美国在中亚地区的政治、经济和军事利益。中亚处于欧亚大陆的心脏地区，被陆权论者视为对控制欧亚大陆进而控制整个世界具有关键作用的"心脏地带"。中亚地区拥有丰富的能源资源，且占据着重要的地理位置，是主要大国复杂利益的博弈舞台。一场新的"伟大游戏"正在这一地区上演，而中国、俄罗斯和西方国家是主要的参与者。[②] 美国频繁提出针对中亚地区的战略计划，力求整合中亚和南亚地区，加强对其控制力和影响力。1999 年美国提出"丝绸之路战略法案"，2005 年又提出"大中亚计划"，2011 年进一步提出"新丝绸之路战略"。"大中亚计划"旨在以阿富汗为枢纽，将中亚地区和南亚地区的印度和巴基斯坦连接起来，通过加强基础设施建设和开展经贸领域的合作，为美国从阿富汗事务脱身服务，并形成对俄罗斯和中国崛起的牵制。"新丝绸之路战略"是"大中亚计划"的继承和发展，主要目标是利用阿富汗的地理位置优势，将阿打造为地区的交通贸易枢纽，实现美国主导的经济一体化，通过整合中亚和

---

① ［美］兹比格纽·布热津斯基，中国国际问题研究所译：《大棋局：美国的首要地位及其地缘战略》，上海人民出版社 2015 年版，第 26 页。

② Ezeli Azarkan, "The Relations between Central Asian States and United States, China and Russian within the Framework of the Shanghai Cooperation Organization," Alternatives Turkish Journal of International, Volume. 8, No. 3, 2009, P. 2.

南亚地区，实现美国在此地区的长期存在。

上合组织的扩员开启了上合发展的新阶段，具有特殊的时代意义。上合组织扩员是一把"双刃剑"，一方面增加了国际影响力，另一方面也面临着组织凝聚力削弱的危险。上合组织的扩员不是一个技术问题，而是一个政治问题。[①] 如何协调好组织各成员国的政治关系和实现成员的利益诉求将对上合组织整体效能的发挥产生重大影响。上合组织正处在发展的十字路口，面对规划大欧亚合作的重任，面临组织内出现新成员的情势，加之并不总是积极的外部因素以及成员国之间既存的矛盾分歧，毫无疑问，上合组织需要观念上和组织上的重大革新。[②] 上合组织成员国在"上海精神"的指导下，应抓住扩员带来的新发展机遇，积极应对潜在挑战，促进国家间的实质性合作，扩展各领域合作的广度和深度，弥合上合组织内部的分歧和矛盾，将上合组织打造为平等相待、守望相助、休戚与共、安危共担的命运共同体。

---

① Некоторые проблемы развития Шанхайской организации сотрудничества, 2017 – 08 – 02, www. infoshos. ru/? dn = 429. （上网时间：2017 年 7 月 3 日）。

② Муратбек Иманалиев, ШОС нуждется вновой концепции развития, 2017 – 06 – 16, https://ru. valdaiclub. com/a/highlights/shos-novaya-kontseptsiya-razvitiya/. （上网时间：2017 年 11 月 4 日）。

第七章

上海合作组织探索
未来发展之路

上海合作组织的成立，有效维护了地区和平，推动了经济发展。中亚地区的民族、宗教、边界等问题与中东、巴尔干、北非等地区一样错综复杂，由于在中亚地区形成了上海合作组织，由于"上海精神"的发扬和新型安全合作观念的倡导，使得 21 世纪中亚地区总体上没有爆发大规模恶性冲突[①]，抵制住了旷日持久的阿富汗战争向东、向北蔓延，在冷战后风云变幻的国际舞台上形成了良好的典范，上海合作组织不仅解决了中国西北部边界的稳定，也是保障中亚安全的中流砥柱。[②] 同时，上海合作组织成员国间经济合作不断深入，不仅度过了冷战结束后艰难的改革和转型，而且在国际竞争中越来越展现出自己的独特竞争力。上海合作组织已经成为今天国际舞台上一支不可忽视的力量。

一、上海合作组织发展的成功经验

冷战结束后，国际格局发生了巨大变化。各国之间交往越来

---

① 1992～2000 年塔吉克斯坦曾爆发内部战争，和平历程经过了 8 年多的时间。进入 21 世纪，塔吉克斯坦局势相对稳定，上海合作组织的稳定作用不可低估。
② 梁超主编：《中亚博弈新视角》，社会科学文献出版社 2011 年版，第 58 页。

越密切，区域一体化趋势不断加强，地区性和功能性的国际组织蓬勃发展，国际组织数量急剧增多，国家参与国际政治的范围也越来越大，作为冷战结束后成立的区域性国际组织，上海合作组织的发展和变化也符合这一规律。

（一）"相互尊重"满足共同发展的需要

国际组织的成立和发展是因素利益和共同利益共同作用的结果。"因素利益是指参加国际组织的各方的利益，即国际组织中民族国家的国家利益。国际组织自身也有利益，各因素利益的趋同和聚合构成国际组织中的共同利益。共同利益是国际组织发展的内在动力。"① 也就是说，共同利益是凝聚组织中每个成员国的共同利益，因素利益仅代表某成员国的个体利益。由于利益的主体不同，共同利益和因素利益在很多情况下都会产生矛盾，但往往又交织在一起。国际组织中成员国各方利益能否得到满足，特别是大国之间的较量极大地影响着国际组织的发展方向。国际组织的建立和发展，正是共同利益与因素利益相互作用、不断协调冲突的过程。

如果成员国之间没有共同利益，组织的行为活动就不能带来比成员国单独行动更大的收益，国际组织就不会有进一步的合作和发展。从上海合作组织情况来看，成员国都面临着维护安全稳定和发展经济的任务，地域上相邻，成长背景相近，拥有广泛的共同利益。作为上海合作组织核心的中俄两国，从长期的冲突和对抗中吸取了教训，建立起"世代友好、永不为敌"的新型大国关系。同时，上海合作组织采取协商一致的原则，事实上给予小国更大的权利。这些都有助于上合组织不断化解分歧，凝聚共识。

---

① 叶宗奎、王杏芳：《国际组织概论》，中国人民大学出版社 2001 年版，第241 页。

（二）"灵活调试"适应地区关切的变化

国际组织能否得到顺利发展，也体现在能否根据情况变化调整自己的职能定位。冷战的结束使人们走出了战争威胁的阴影，人们开始将更多的注意力转向经济发展等领域，提高综合国力是每个国家的共同目标。一体化进程使得国与国、地区与地区之间的联系更加紧密，依靠一国的力量越来越难以解决人类共同面临的生存和发展问题，各国之间需要加强合作与协调。这些因素为国际组织经济、社会职能的加强提供了客观基础。国际组织不断调整组织机制，增加相应的职能部门，工作的重心不断向经济、社会事务等领域转移，加强经济合作，促进社会融合。联合国的发展过程就是一个非常好的例子。"1994 年 5 月 25 日，联合国秘书长加利发表《发展议程》，以改变联合国在人们心中'重维和，轻发展'的形象。1992 年 2 月，联合国将其 6 个所属部门合并，成立经济社会部，12 月又将其一分为三，成立'发展、资助和管理事务部''经济社会信息及政策分析部''政策协调和持续发展部'，以强化联合国经济社会职能，更加全面有效地处理有关经济、社会发展事务。安南出任联合国秘书长后，全面调整原有的组织机构，将联合国所有的部门和机构划为和平与安全事务、经济与社会事务、发展合作事务、人权事务和人道主义事务五大系统，在前四个领域分别设立执行委员会，以加强秘书处各部门之间的协调，设立 8～9 名高级官员组成的'高级管理小组'等，以加强和集中联合国秘书处的管理职能、政策职能、信息职能和为联合国政府间机构服务的能力。"[1] "欧洲联盟在 20 世纪 60 年代的欧洲共同体时期，其职权主要限于经济方面，在 80 年代先后实现了统一大市场的形成和经济货币联盟的建立，

---

[1] 叶宗奎、王杏芳：《国际组织概论》，中国人民大学出版社 2001 年版，第 102 页。

其职权正逐渐向政治、军事和外交方面。"①

同样，上海合作组织脱胎于解决边界问题的"上海五国"机制，成立之初的首要目标是打击恐怖主义、分裂主义和极端主义，维护地区和平与安全，随着国际形势的发展变化，开展经济合作越来越成为成员国共同的愿望。成员国间开展的经济、贸易、能源等领域的合作，大大增强了组织的凝聚力。近年来，教育、科技、环保等领域的合作蓬勃发展，上海合作组织正在形成安全、经贸、人文三轮驱动的态势。

（三）"顺势而为"应对国际格局的变迁

第二次世界大战后，世界格局的变化催生了联合国的诞生，"9·11"事件的发生使反恐组织在国际社会上的活动更加活跃。每当国际格局发生重大变化的时候，国际组织也会随之调整与变化，可以说，国际格局的变迁对国际组织有着巨大的影响，要想国际组织不断发挥作用，拥有持久的生命力，就必然要根据国际格局的变化进行适时发展。

2008 年全球金融危机后，全球化进入深度调整期。2016 年"英国脱欧"、特朗普上台、法国右翼政党崛起、意大利修宪公投失败，西方社会出现了一波逆全球化高潮。在逆全球化的影响下，贸易保护主义抬头。从 2008 年到 2016 年，仅美国就对其他国家采取了 600 多项歧视性措施。在美国的"带领"下，根据全球贸易预警组织（Global Trade Alert）的资料库，2015 年各国实施的歧视性贸易措施，比 2014 年增加 50%，② 全球贸易已经跌入近 10 年来的低谷。逆全球化削弱了西方国家施压发展中国家的能力，也压缩了其推动贸易和投资自由化的动力；新兴市场国

① 于永达：《国际组织》，清华大学出版社 2011 年版，第 62 页。
② 参见全球贸易预警组织网站，http://www.globaltradealert.org/，世界贸易预警组织网站（访问日期：2016 年 3 月 5 日）。

家和发展中国家在积极承担国际责任的同时，也面临如何提升自身全球治理能力，推动世界公平和正义的深刻挑战。

全球金融危机和逆全球化浪潮同样对上海合作组织造成了巨大影响，上海合作组织发挥集体的力量，成功应对了挑战。在此过程中，中国发挥了积极作用。在 2009 年上海合作组织叶卡捷琳堡峰会上，中国宣布向上合组织成员国提供 100 亿美元的信贷支持，帮助成员国应对金融危机，解燃眉之急。在 2012 年上海合作组织北京峰会上，中方决定向其他成员国再提供 100 亿美元贷款，支持上合组织框架内经济合作项目，助成员国解发展之困。这些措施，有力地维护了全球金融危机期间地区经济形势的基本稳定。2013 年 9 月，中国提出了建设"丝绸之路经济带"的倡议，受到了上海合作组织成员国的广泛欢迎。"一带一路"不仅体现了中国新一轮的改革开放，同时也是中国倡议推动的世界新一轮的全球化。上合组织成员国积极参加，多边合作项目逐步启动，地区合作全面提速。总体上看，顺应国际发展的大势，保证了上海合作组织的顺利发展。

（四）"与时俱进"展现组织的合作优势

"作为一种国际政治现象的区域化和区域性国际组织的建立和发展，其内在的推动力是全球经济的发展，即经济全球化。这是由于以下原因导致"①：

首先，经济全球化是区域性国际组织建立的直接动力。经济全球化的加强导致的最直接的后果是国家之间政治经济上相互依存的程度越来越高，国家之间的政治经济交往越来越密切。要想在激烈的市场竞争中占据有力的地位，增强自身的竞争力，就需要两个或两个以上的主权国家通过区域合作的

---

① 叶宗奎、王杏芳：《国际组织概论》，中国人民大学出版社 2001 年版，第257 页。

方式，以通过相互取长补短的途径来增强争夺全球市场份额的能力。国际社会中各个国际组织也会将自身发展的方向转移到经济合作领域上来，加大经济领域的合作，增强自身的竞争力。

其次，经济全球化使得区域性国际组织的作用与功能日益加强，地位显著提高。国家在发展过程中越来越倾向全方位发展。随着国际组织在经济方面的合作不断增强，政治、安全功能方面发挥的影响力也不断加强，尤其是区域性国际组织在维护地区安全与稳定，促进地区经济增长等方面的作用越来越突出。越来越多的国家和地区认识到发展国际组织，依靠集体的力量实现国家利益的必要性。

从上海五国机制到上海合作组织，从反对"三股势力"到经贸、人文全面合作，上海合作组织各项功能日益完备，为维护地区和平稳定发挥着越来越重要的作用。各成员国意识到，地区国家之间的合作有利于其自身的利益的实现，而上海合作组织功能的拓展，也适应了成员国的客观需要。与时俱进的上海合作组织因此具有了更大的生机和活力。

二、经济、安全、人文"三轮齐转"

上海合作组织的成功与其准确的定位有关，与其坚持发展的方向有关，集中体现在"上海精神"上。"上海精神"——"互信、互利、平等、协商、尊重多样文明、谋求共同发展"适应了和平与发展的时代主题，上海合作组织积极倡导各种文明和谐共处、交融互补的"丝绸之路经济带"精神，使上海合作组织成为地区合作成功的典范。① 上海精神的"内核"——包容、共同发展与中国外交的顶层设计中的"亲、诚、惠、容"理念以及"命运共同体"高度吻合。它完全不同于冷战时期大国结盟对抗的国际关系理念，强调不同国力水平、不同政治制度、不同意识形态、不同文化传统的各国间，通过积极接触、平等协商建立起彼此信任的关系，结成彼此互利的伙伴，在合作中解决共同关心的问题，打造一种共同安全的地区环境，为各国共同的发展提供有力的保障。在这种精神的指引下，上海合作组织协调各方利益，为丝绸之路经济带与欧亚经济联盟对接创造条件，在地区安全合作和经济发展方面发挥着越来越大的作用。在此基础上，不断发展的上海合作组织正在迈向世界舞台，"建立公正合理的国际政治新秩序"被多次写进了会议的文件中。

(一) 政治安全领域

上海合作组织的安全合作不仅体现于区域内部的裁军和边界等问题，而是以更广阔的视角，看待地区面临的威胁与挑战。从发展方向上看，今后上合组织在安全领域的合作将更加开放，其观察员国将更多地参与到组织框架内的反恐合作，同时上合组织也将进一步扩大同其他国家和国际组织在安全领域的协作。

1. 成员国间进一步加强反恐合作，更多参与国际反恐活动

近年来，随着伊拉克和叙利亚等地伊斯兰国（ISIS）极端组织的蔓延，中亚的反恐形势再趋严峻。为了应对恐怖主义的挑战，上海合作组织近年来采取了一系列具有战略意义的部署：进一步加强上海合作组织地区反恐怖机构的领导机关——理事会的作用，加强外交、对外经济、执法、特种部队和国防部门的密切合作，制定对威胁本地区和平、安全与稳定的事态联合做出反应

---

① ШОС подошла к расширению，http：//www.kommersant.ru/doc/2684490.（上网时间：2015 年 5 月 1 日）。

的有效措施和机制，协调各成员国安全保障方面的法律;[1] 在研制和应用应对新挑战和新威胁的现代技术装备领域进行合作，特别注意防范恐怖分子使用大规模杀伤性武器及其运载工具；要求制定统一方法和标准，以监控涉嫌参与恐怖活动的个人和组织的资金流动；强调安全合作应具有综合性质。

上海合作组织自觉地把自己的反恐活动纳入联合国主导的世界反恐斗争的框架内，这不仅能为自己扩大反恐空间，而且在国际社会中做出了尊重联合国的榜样。此外，上海合作组织还积极参与其他国际组织的国际反恐活动。2003 年 9 月，上海合作组织代表参加在葡萄牙首都里斯本举行的欧安组织第二届预防和打击恐怖主义会议，并在会上介绍了上海合作组织在预防和打击恐怖主义问题上的原则立场和所采取的具体行动。与此同时该组织一直对阿富汗境内的恐怖主义高度关注，并于 2005 年 11 月 4 日签署了《上海合作组织与阿富汗伊斯兰共和国关于建立上海合作组织—阿富汗联络小组的议定书》，主要目的在于就上合组织与阿富汗在安全合作和反恐的问题上开展合作提出建议。[2] 可以看出，上海合作组织的反恐合作一直在有条不紊地推进。

2. 坚决打击制毒贩毒的罪恶行径，加强中亚地区社会稳定的基础

中亚非传统安全问题突出，宗教极端主义与恐怖主义的威胁大幅上升，中东—南亚—中亚—中国新疆的宗教极端主义与恐怖主义弧形带将连通形成，对地区安全影响构成重大威胁。上海合作组织历年元首峰会及其宣言都强调，各方一致同意有必要团结起来，采取有效措施，打击通过贩毒为恐怖主义融资的犯罪行

① 郭亚楠:《亚洲安全的维护者——上海合作组织》，载于《学理论》2014 年第 19 期，第 40 ~ 41 页。

② 《上海合作组织与阿富汗伊斯兰共和国关于建立上海合作组织——阿富汗联络小组的议定书》，http://news.cntv.cn/20120525/106434.shtml. （上网时间：2015 年 5 月 9 日）。

为，各国合作打击非法制造、贩运麻醉药品、精神药物及其前体的紧迫性和重要性。源于阿富汗的制毒贩毒跨国犯罪活动严重影响中亚地区的社会稳定，是上海合作组织面临的安全难题。

2011 年以来，源于阿富汗的毒品走私量不断加大，对地区安全构成严重威胁，对中亚国家、俄罗斯乃至中国也都造成冲击。① 毒品走私与恐怖活动密切相关，恐怖主义往往通过组织、支持制毒贩毒获得资金，再用这些资金进行恐怖活动，毒品走私还加剧了中亚国家的政府腐败程度，造成艾滋病等疾病蔓延，使得社会问题存在很大隐患。对于上海合作组织和国际社会来说，目前最为紧迫的是一方面帮助阿富汗政府遏制毒品生产和交易；另一方面是切断恐怖组织从毒品交易中获取暴利的途径。

3. 坚持开放原则，不断推动安全机制与其他安全主体的良性互动

随着获得联合国大会观察员资格，上海合作组织安全合作在维护地区安全和构建国际新秩序中的作用进一步提升，安全合作已经成为拓展国际安全合作，共同应对新威胁、新挑战的重要平台。② 积极开展上海合作组织安全合作机制与其他国际组织安全的合作，推进相互间的良性互动，是深化上海合作组织安全合作的重要内容。一方面，上合组织与其他国家和国际组织积极开展对话和合作，比如对东盟、亚信会议等地区和国际组织，持开放的态度进行合作，形成协调机制，共同维护地区稳定。另一方面，不限制和不反对成员国在不损害地区和平安全与稳定的前提下，从自身安全和利益出发，与其他国家和国际组织开展各种类型的合作，也不限制和影响成员国完成它所参加的其他国际条约

---

① 潘光：《当前中亚经济安全形势及其对上海合作组织的影响》，载于《国际问题研究》2011 年第 6 期，第 61～68 页。

② МИД РФ：ШОС озабочен возможным выплеском нестабильности изКирилл Барский：Шанхайская организация сотрудничества：накануне саммита в Бишкеке：основные задачи момента，Международная жизнь，Май 2013г.

所规定的权利和义务，鼓励各成员国广泛吸收地区和国际安全积极因素，促进地区的稳定与和平发展。

（二）经贸合作领域

从经济合作的角度，上海合作组织不仅为建立中亚共同市场提供了稳定的客观环境，而且也考虑中亚共同市场的需要，推出了若干大型经贸合作项目，也为中亚共同市场注入强劲的经济动力。防范发展进程中的"黑天鹅"和"灰犀牛"，推进"一带一路"建设，实现"一带一路"与欧亚经济联盟对接等是上海合作组织推进未来经济合作中的主要任务。

全球金融危机后，世界经济缓慢复苏。区域经济一体化继续发展，世界经济、国际金融的领导权仍然掌握在西方国家手中。在经济全球化、政治多极化、文化多样化和社会信息化的时代，国际社会行为主体增多，国内利益格局也在发生变化，外交的"顶层设计"显得越发重要。2013年9月习近平在哈萨克斯坦发表了题为《弘扬人民友谊，共创美好未来》的主题演讲，全面阐释了中国的中亚政策。① 习近平提出了上海合作组织成员国用创新的合作模式，在平等、协商、互谅互让的基础上有效推进合作，共同建设"丝绸之路经济带"。除中国和中亚五国外，俄罗斯、印度、巴基斯坦、伊朗等国也被包含其中，其远景可发展成一个人口超过30亿的经济带。② 丝绸之路经济带具有深厚的历史和现实根据：在物质基础方面，该理念源于已形成的欧亚各国间跨区域的能源管道和交通运输所构成的广阔空间，如跨西伯利亚铁路、亚洲高速公路网络、国际北南走廊等；在历史文化方面，

---

① 高飞：《中国的"西进"战略与中美俄中亚博弈》，载于《外交评论》2013年第5期，第39~50页。
② 张历历：《中国引领丝路经济带》，载于《浙江日报》2013年9月16日，第6版新闻时评。

中国和中亚国家、东欧国家有着长期交往的历史记忆;① "丝绸之路经济带"也是立足于我国新疆地区和中亚地区的建设和安定的需求。"丝绸之路经济带"的成功需要中国、俄罗斯、中亚各国齐心努力。

首先,上海合作组织可为"丝绸之路经济带"内国家间相互协商,了解彼此经济政策和发展战略提供平台,同时应该打破美元世界货币的霸权地位,促进货币流通,上合组织成员国中国和其他各成员、伙伴国等在本币结算方面开展了良好合作并取得了成果,在实践中经验也较丰富,本币结算提升了战略互信,对经贸合作也是实实在在的利好(见表7-1)。

表7-1　中国与上合组织相关国家签订本币双边互换协议

协议签约方		时间	额度
成员国	乌兹别克斯坦	2011年4月19日	7亿元人民币
	俄罗斯	2014年10月13日	1 500亿元人民币/8 150亿卢布
	哈萨克斯坦	2011年6月13日	70亿元人民币/2 000亿哈萨克坚戈
	巴基斯坦②	2011年12月23日	100亿元人民币/1 400亿卢比
观察员国	蒙古国	2011年5月6日	50亿元人民币/1万亿图格里克
对话伙伴国	白俄罗斯	2009年3月11日	200亿元人民币/8万亿白俄罗斯卢布

资料来源:中国人民银行官方网站,http://www.pbc.gov.cn/.(上网时间:2015年4月13日)。

其次,"一带一路"是中国与丝路沿途国家分享优质产能布

---

① Учебники онлайн: Место Центральной Азии в китайской дипломатии, http://uchebnik-online.com/131/869.html.(上网时间:2014年12月20日)。

② 中国与巴基斯坦签订本币双边互换协议时,巴基斯坦不是上海合作组织成员,2017年其已正式成为上海合作组织成员国。

局，它是共商项目投资、共建基础设施、共享合作成果的体系，内容包括道路联通、贸易畅通、货币流通、政策沟通、人心相通等"五通"。上海合作组织对"丝绸之路经济带"的承载体现在对区域内道路联通和相互投资的促进，上海合作组织可以促进交通便利化，目前组织正在商议打通从太平洋到波罗的海的运输通道。2015 年 12 月 14～15 日，上海合作组织成员国政府首脑（总理）理事会第 14 次会议在郑州举行，作为会议的重要成果之一，会议发表了《上海合作组织成员国政府首脑（总理）关于区域经济合作的声明》。声明重申支持中国关于建设丝绸之路经济带的倡议，认为该倡议契合上合组织发展目标。

最后，上合组织可以促进各方积极协商完善跨境基础设施，逐步形成连接东亚、西亚、南亚的方便各国经济发展和人员经贸往来的交通运输网络；丝绸之路经济带覆盖人口近 30 亿，上海合作组织可以充分挖掘市场潜力，消除贸易壁垒，降低投资成本，促进区域贸易便利化，实现区域内双边贸易和多边贸易的共赢。

经济合作是维护上合组织地区稳定的重要因素，实现地区长期稳定的手段之一。开展该领域合作有助于促进成员国经济发展，提高人民生活水平。上海合作组织经过过去十几年的发展，成员国国内经济发展和投资额都不断增长，在经贸、金融、银行、创新、科技、通信、交通、新能源与替代能源利用、农业等领域的互利合作进一步扩大。[①] 上合组织将促进各成员国和谐发展，以维护本地区经济平衡增长。第一，成员国将采取旨在进一步扩大上合组织地区经贸互利合作的协调措施，包括建立有利的投资和营商环境，支持实业倡议，落实优先领域合作项目，发展

---

① Китай выдвинул программу переустройства Азии, http://www.notum.info/news/ekonomika/kitaj-vyidvinul-programmu-pereustrojstva-azii. （上网时间：2015 年 5 月 8 日）。

基础设施。第二，成员国将采取协调措施，在互利共赢基础上开展产能合作。第三，成员国将在融入世界经济进程中相互支持，力争把全球化和国际经济危机对本国经济造成的消极影响降至最低。第四，成员国将采取切实措施落实上合组织框架下的经济和投资项目。成员国将根据需要更新多边经贸合作纲要落实措施计划，制定下一阶段推动上合组织项目合作措施清单。

（三）人文交流领域

国之交在于民相亲，人文交流也是上海合作组织的重要工作领域。如上海合作组织秘书长阿利莫夫所说，上海合作组织一直以来都在加强高等教育、青年交流等方面的合作："青年是上海合作组织和各成员国的未来，我们历来十分重视青年的发展。长期以来我们都在促进各成员国青年间的相互了解。前不久我们举办了首届上海合作组织国际青年辩论赛，看着能言善辩的选手们在赛场上的风采，我倍感振奋，我们将有幸见证在'上海精神'下成长的新一代。"[①] 上海合作组织人文合作继续深入需要取决于以下几个方面：

第一，不断完善机制建设。2001 年 6 月的《上海合作组织成立宣言》中明确"鼓励各成员国在政治、经贸、科技、文化、教育、能源、交通、环保及其他领域的有效合作。"[②] 2002 年在《上海合作组织宪章》确立"互信、互利、平等、协商、尊重文明多样性、谋求共同发展"的"上海精神"作为各成员国开展人文交流合作的基础。2002 年，上海合作组织成员国文化部长就文化交流与合作的现状和前景达成共识，并发表了《上海合作组织成员国文化部长联合声明》。2006 年，成员国签署了《上海

---

① 《中国对上海合作组织作出巨大贡献——访上海合作组织秘书长阿利莫夫》，载于《人民日报》2017 年 6 月 9 日。

② 参见 2001 年 6 月的《上海合作组织成立宣言》。

合作组织成员国政府间教育合作协定》，使成员国之间的教育合作法律化、常态化。2007年，《上海合作组织成员国长期睦邻友好合作条约》第十九条明确要求，"一、缔约各方促进彼此间在文化、艺术、教育、科学、技术、卫生、旅游、体育及其他社会和人文领域的交流与合作。二、缔约各方相互鼓励和支持文化、教育、科研机构建立直接联系，开展共同科研计划与项目，合作培养人才，互换留学生、学者和专家。三、缔约各方为学习和研究其他缔约方语言、文化积极提供便利条件。"同年，成员国签署了《上海合作组织成员国政府间文化合作协定》。在各成员国的共同努力下，上海合作组织框架内的人文合作开始走向正轨。2010年5月，上海合作组织经济合作与人文交流促进中心在上海成立致力于推动和促进上海乃至全国与上合组织成员国及其各地区之间的经济贸易合作与人文交流合作，以增进和发展彼此间的互相理解、互相信任和共同繁荣。

第二，体现"以人为本"。国家之间的关系本质上是人与人之间的关系，国家之间的友好最终要惠之于民、服务于民，发展国家之间的长期友谊，需要着眼于民。2010年11月，温家宝总理为俄方友好人士颁奖时说："如果石油管道是连接两国经济的桥梁，那么文化交流则是连接两国人民心灵的桥梁。如果经济合作代表今天，那么人文交流代表未来。"[1] 上海合作组织大学的成立是上合组织人文合作最重要的成果之一。上海合作组织大学2010年开始招生，2012年实现项目学生交流，已经成为成员国人才培养的重要机制。以中国为例，2012～2016年，中方共派出学生301人，接受来华留学生167人。派出和来华留学生覆盖了除乌兹别克斯坦外的所有上海合作组织成员国。在上海合作组织的框架下，成立了科学研究中心及联合实验室，如中俄信

---

[1] 《温家宝向为中俄能源合作和汉语教学、传播做出突出贡献的俄方人士颁奖》，中国广播网，www.cnr.cn.（上网时间：2010年11月24日）。

息技术联合研究中心、光子和光信息技术研究所等。区域学方向举办了师资培训班以及"一带一路沿线国家青年学术论坛系列活动"、纳米研究方向举办的"光学之旅""中国之光",以及生态学方向的"草原放牧管理和保护性农业"等青年学术交流项目。①

第三,拓展交流渠道。在上海合作组织框架内,国家领导人和中央政府层级发挥着重要作用,为地区人文合作奠定了良好的基础。然而,当代世界正在成为联系更为紧密复杂的"网状体系",地方政府和民间的交流力量不可忽视,在经济人文领域尤其明显。

以中俄地方合作为例。截至 2017 年 10 月底,双方已经建立 140 对友好城市及省州、数十对经贸结对省州,启动中俄地方领导人定期会晤机制并建立中国长江中上游地区和俄罗斯伏尔加河沿岸联邦区地方合作理事会、中国东北地区和俄罗斯远东及贝加尔地区政府间合作委员会。2017 年黑龙江省对俄罗斯进出口额 744.2 亿元,同比增长 22.5%。② 俄罗斯已成为吉林省首要境外投资目的国,吉林省累计在俄投资企业 171 家;辽宁省营口港开通 12 条途经俄罗斯的中欧班列线路;在俄罗斯,滨海边疆区与中国的贸易额占边疆区对外贸易额的 50% 以上。③

2018 年 2 月 7 日,中俄地方合作交流年正式启动。习近平主席同俄罗斯总统普京分别向交流年开幕式致贺词。两国元首亲自"搭台",把地方合作提升至国家水平,再次体现了中俄关系的高水平和特殊性。近年来中俄地方合作蓬勃发展,双方建立了"长江—伏尔加河""东北—远东"两大区域性合作机制,缔结了 130 多对友好城市及友好省州。举办中俄地方合作交流年,无

---

① 参见《上海合作组织黄皮书:上海合作组织发展报告 (2017)》,第 297 页。
② 《地方合作交流年启动 中俄友好再迎新亮点》,http://www.xinhua-net.com/world/2018-02/08/c_129808290.htm.(上网时间:2018 年 3 月 8 日)。
③ 《中俄友好再迎新亮点》,载于《人民日报》,2018 年 2 月 8 日第 2 版。

疑将带动更多地方、企业、民众加入中俄友好合作和共同发展事业，将为中俄关系发展创造新的增长点，为双边关系持续健康稳定发展提供更加强劲的动力。2018 年 9 月 11 日，在俄罗斯符拉迪沃斯托克市，中俄成功举办了地方领导人对话会，地方合作开始走向机制化。

在中国与中亚国家的人文合作与经济往来过程中，新疆一直占据重要地位，为丝绸之路经济带核心区建设贡献了力量。海关统计数据显示，2017 年新疆与哈萨克斯坦、吉尔吉斯斯坦、乌兹别克斯坦的贸易往来呈现出了较快增长的势头，而与塔吉克斯坦、土库曼斯坦的同期比较值则出现了下降，原因是多方面的，但 2017 年新疆与中亚国家的外贸持续维持总体上升的态势（见表 7 -2）。

表 7 -2　　　　　2017 年全年新疆与中亚国家外贸情况

国家	进出口总额（千美元）	同比（%）	其中出口（千美元）	同比（%）	其中进口（千美元）	同比（%）
哈萨克斯坦	9 421 247	49.3	8 398 396	46.7	1 022 851	74.7
吉尔吉斯斯坦	4 204 359	6.8	4 127 387	6.6	76 972	21.7
塔吉克斯坦	1 081 814	- 14.2	1 076 873	- 14.3	4 941	- 9.7
乌兹别克斯坦	591 609	27.3	426 994	37.7	164 615	6.5
土库曼斯坦	41 025	- 29.0	38 516	- 29.4	2 509	- 20.4

资料来源：乌鲁木齐海关网，http：//urumqi. customs. gov. cn/publish/portal166/tab61932/info877425. htm。

在 2017 年的新疆与中亚上合组织国家的合作中，交通项目建设也处于重要地位，这些合作项目有利于强化合作纽带，加强相互关联，提高了上合组织区域的经济与人文合作水平。

此外，上海合作组织在旅游领域也可以大有作为。上海合作组织秘书长阿利莫夫曾说，"有统计数据显示，12%的世界自然文化遗产位于上海合作组织成员国境内。这是个不小的数字，但是其中许多景点不为人所知。我们有责任向各成员国乃至世界宣传这些各国引以为豪的风光，已经在推动相关的旅游合作规划。"①

三、推动上海合作组织走向世界舞台

加强与其他国际组织的联系是上海合作组织未来对外联系的重要方向。上海合作组织多年来一直积极与其他国际组织开展交往，已先后与独联体（2005年4月12日）、东盟（2005年4月21日）、欧亚经济共同体（2006年5月8日）、集体安全条约组织（2007年10月5日）、经济合作组织（2007年12月11日）等区域合作机制以签订谅解备忘录等形式建立了正式关系，上海合作组织与独联体及其框架下的集体安全条约组织在地理范围上相互交叠，在成员国的构成上又相互重合，因而有着天然的联系纽带，三个组织在安全合作领域有广阔的合作空间。此外，上海合作组织可以从世界贸易组织中借鉴国际贸易机制、多边合作的经验，促进各国贸易和区域经济实力增强；加强与欧亚经济联盟的联系可以协调在中亚地区的合作与竞争，减少功能重合，化解潜在冲突，实现区域内经济发展和组织功能共赢；与亚太经合组织的联系涉及中俄两国在东北亚的合作，可以通过多边合作巩固双边经济发展，对完善中国周边外交布局具有战略意义。

----

① 《中国对上海合作组织作出巨大贡献——访上海合作组织秘书长阿利莫夫》，载于《人民日报》2017年6月9日。

（一）不断深化与联合国的合作

联合国是当今国际社会公认的最具普遍性、代表性和权威性的国际组织。它的普遍性和代表性使得它在国际事务中能够扮演一个比较公正中立的角色，对广大会员国产生影响。[①] 在《上海合作组织成立宣言》中，明确宣告将严格遵循《联合国宪章》的宗旨与原则。《上海合作组织至2025年发展战略》提出，上合组织将努力扩大国际联系，以进一步提高在新的国际和地区格局中的作用，增强国际威望。上合组织成员国确信，联合国应该在国际事务中发挥中心协调作用，支持提高其机制效率，并愿与联合国其他部门、专门机构和机制建立正式关系，并开展务实合作。上合组织作为国际组织，将根据《联合国宪章》第八章和《上海合作组织宪章》，为维护地区和平安全稳定继续发挥积极作用。

2004年12月上海合作组织获得了联合国观察员的地位。这是上海合作组织国际影响日益提高的重要标志。2005年9月14日，应联合国秘书长安南的邀请，张德广秘书长率领上海合作组织代表团作为联合国大会观察员出席了联合国60周年首脑会议。16日张德广秘书长在首脑会议上发表讲话，这是上海合作组织的代表首次登上联合国讲坛。2007年8月16日联合国副秘书长帕斯科作为主席国客人出席了上海合作组织在吉尔吉斯斯坦首都比什凯克举行的元首峰会。2008年10月上海合作组织秘书长出席了第63届联合国大会。近年来，联合国派代表参加上海合作组织重要会议的次数不断增多。2008年8月28日上海合作组织成员国元首理事会会议在杜尚别举行，联合国秘书长代表延恰作为主席国客人列席了会议。2009年3月，上海合作组织在莫斯科举行阿富汗问题特别国际会议上，联合国秘书长潘基文亲自出

---

① 唐晓：《政治科学基础》，世界知识出版社2007年版，第175页。

席，体现了联合国对上海合作组织的高度重视。2015 年 5 月 1 ~
2 日，上海合作组织秘书长梅津采夫参加了在纽约举行的联合
国秘书长潘基文同国际和地区组织领导人高级别会议，讨论了
加强和发展联合国同国际和地区组织联系，各方共同努力协调
分歧，维护和平与稳定，以及组织和开展联合国维和行动等问
题。① 此外，上海合作组织也非常重视开展与联合国安理会反
恐委员会的合作，有力推动了联合国《制止核恐怖主义行为的
国际公约》及《关于国际恐怖主义的全面公约》草案的制订
工作。②

（二）拓展与世界贸易组织的联系

世界贸易组织是当代最重要的国际经济组织之一，拥有 164
个成员，成员贸易总额达到全球贸易的 98%，有"经济联合国"
之称。③ 上合组织《多边经贸合作纲要》强调成员国"在世界贸
易组织框架内开展合作"。④ 中国和俄罗斯分别于 2001 年和 2012
年正式加入世界贸易组织。近年来，上海合作组织成员国入世进
程加速，除乌兹别克斯坦外，上合组织七个成员国都已加入世界
贸易组织，在不远的未来，上海合作组织主要成员国基本都会成
为世贸组织成员国。

上海合作组织可以通过两种途径加强与世界贸易组织的联
系：一是上海合作组织与世界贸易组织开展合作，学习世界贸易
组织较为成熟的多边贸易规则，按照世贸组织的世界级标准推进

---

① 《上海合作组织秘书长梅津采夫参加联合国秘书长潘基文同国际地区组织领
导人会议》，http：//www. sectsco. org/CN11/show. asp？id = 856. （上网时间：2015 年
5 月 13 日）。
② 《上海合作组织元首会议发表〈莫斯科宣言〉》，http：//www. huaxia. com/zt/
2003 - 13/150171. html. （上网时间：2015 年 4 月 6 日）。
③ 世贸组织官网，http：//www. wto. org. （上网时间：2018 年 2 月 3 日）。
④ 阿布都热合曼·卡德尔：《上海合作组织：经济合作法律机制研究》，社会科
学文献出版社 2013 年版，第 76 页。

区域经济活力，逐渐将上海合作组织的多边合作引向自贸区的方向。中国加入世贸组织已经有十多年，中国的贸易环境和贸易秩序在逐渐与国际化接轨。俄罗斯长期游离于世界贸易规则、体系之外，却又是资源、能源的大国。俄罗斯融入世界经济贸易体系影响巨大。俄罗斯"入世前平均关税为11%，高于发达国家平均关税5%，也高于发展中国家的10%以下。"① 加入 WTO 之后，根据入世协议，俄罗斯会对总量超过1/3的进出口税目执行新的关税要求，总体关税将降低2.2%。② 正如俄罗斯入世首席谈判代表梅德韦德科夫所说："中俄贸易发展的潜力巨大，我们是好邻居、好伙伴。俄罗斯成为 WTO 成员之后，对于我们两个国家经贸的往来也将提供更多更广的机会"。③ 从上合组织框架下各国经贸的角度看，各成员国均是处于转型中的国家，加入WTO 有利于加快国内的国民经济发展和改革的步伐，调整与全球化和 WTO 不适应的贸易政策，修改不合时宜的法律法规，在改善贸易环境、贸易秩序上向前迈进一大步。多边贸易规则也将进一步改善当前制约上海合作组织经贸合作发展的政策环境、投资经营环境、贸易秩序和服务环境。

二是借助投资途径加强与世贸组织的合作，世界贸易组织在促进投资增长、优化投资环境方面具有重要地位，目前中俄两国对上海合作组织成员国的投资不断增加，中俄两国可以与世贸组织中其他成员国联系，提高投资效率和资金利用率，使区域经济得到质的提升（见图7-1）。

---

① Проблемы вступления России в ВТО，http：//www. Referat. ru /referats/view/ 30404. （上网时间：2015 年 1 月 7 日）。

②③ 王宗英：《俄罗斯 22 日正式加入 WTO》，http：//finance. eastday. com/eco- nomic/m1/20120822/u1a6802692. html. （上网时间：2015 年 1 月 11 日）。

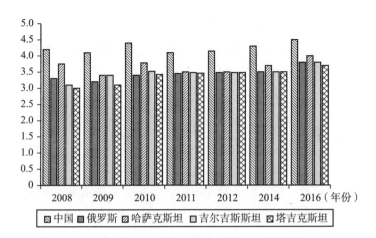

图 7 - 1　2008 ~ 2016 年上海合作组织成员国贸易便利化程度

资料来源：根据世界经济论坛 *The Global Enabling Trade Report* 2017 年数据整理。

此外，世界贸易组织还为双边和多边经贸合作提供了新的平台，该组织可以有效改善贸易环境，加快贸易谈判进程、维护贸易关系的持续稳定发展。加强与世界贸易组织的联系与合作，在双边、多边经济合作过程中掌握和利用 WTO 的规则和国际经济法知识，将会对经济和社会发展的进步起到巨大的促进作用。

（三）加强与欧亚经济联盟的对接

欧亚经济联盟与上海合作组织的关系密切，有合作也有竞争。两个组织在局部功能和所处地缘上高度重合，欧亚经济联盟于 2015 年 1 月 1 日正式启动，计划到 2025 年实现商品、服务、资金和劳动力的自由流动，终极目标是建立类似于欧盟的经济联盟，形成一个拥有 1.7 亿人口的统一市场。

2011 年 7 月，俄、白、哈"关税同盟"启动后，新疆对哈萨克斯坦的出口贸易立即下降了 31.3%（同比前一年同一时期）。① 因此，大部分学者和一些西方政要认为这两个组织会以激烈的竞争关系存在②。然而，由于中俄这两个主导国家的推动，区域经济一体化已成趋势。2006 年上海合作组织和欧亚经济共同体在北京签署了谅解备忘录，双方把能源领域作为合作的重点领域，共同组织举办了欧亚经济论坛，探索合作推动地区经济发展。

就目前看，俄、白、哈关税同盟解决了中俄贸易中存在已久的"灰色清关"问题，间接改善了贸易环境。2015 年第一季度，欧亚经济联盟与第三国的贸易总额 1 465 亿美元，同比下降 31.4%。其中，欧亚经济联盟向第三国出口 994 亿美元，同比下降 29.6%；自第三国进口 471 亿美元，同比下降 34.8%。累计实现贸易顺差 523 亿美元，同比下降 24.3%。③ 中俄两国 2015 年签署的《关于丝绸之路经济带建设与欧亚经济联盟建设对接合作的联合声明》，双方将努力实现丝绸之路经济带建设和欧亚经济联盟建设的对接，以确保地区经济持续稳定增长，加强区域经济一体化，维护地区和平与发展。④

在上海合作组织与欧亚经济联盟对接的过程中，中国与俄罗斯发挥着核心作用。在此背景下，上海合作组织与欧亚经济联盟的合作，最大程度上满足了上合组织成员国的利益。目前，欧亚地区正处于工业化加速发展和产业结构转型升级期，其经济发展

① 参见《2011 年 6 月外贸进出口商品产销国别表》，中华人民共和国乌鲁木齐海关网站，http://urumqi. customs. gov. cn/publish/portal166/tab5520/module15998/info309734. htm.（上网时间：2013 年 8 月 19 日）。

② Ярослав Бутаков: Евразийский союз: Угрозы, Риски, Перспективы, http://izvestia. ru/news/504908.（上网时间：2013 年 12 月 9 日）。

③ 参见欧亚经济合作委员会网站，http://eec. eaeunion. org/en/Pages/default. aspx.（上网时间：2015 年 5 月 17 日）。

④ Лидеры РФ и Китая приняли заявление о состыковке ЕАЭС и Шелкового пути, РИА Новости http://ria. ru/economy/20150508/1063353811. html#ixzz3ajX7yMgJ.（上网时间：2015 年 5 月 9 日）。

战略及诉求与中国"一带一路"建设和国际产能合作高度契合。以上合组织为平台,对推动"一带一路"建设与欧亚经济联盟建设对接合作将发挥重要的积极作用。

(四)开展与亚太经合组织的联系

上合组织框架内的中俄经贸合作与东北亚地区亚太经合组织框架下的中俄经贸合作是不可分割的,中国东北和西北两地与俄罗斯接壤,有着独特的地缘经济联系,中俄在两地的经贸合作可以相互推动,构成互补。中共十八届三中全会确定继续扩大对外开放政策,鼓励东北工业的振兴;俄罗斯对开发西伯利亚的重视程度逐年提高,在国际战略层面,俄罗斯提出了针对亚太地区的"东向"战略。[①] 2012 年 9 月,在俄罗斯符拉迪沃斯托克召开的亚太经合组织峰会上,与会各方提议泛太平洋自由贸易区,决定签署一项包括 54 项环境产品在内的清单,同意到 2015 年把清单上的产品关税降至 5% 或 5% 以下;2013 年 10 月,在印度尼西亚巴厘岛召开的 APEC 第二十一次领导人会晤上,成员方明确对新型贸易壁垒的警惕态度并承诺不采取新的贸易保护主义措施,努力实现亚太地区贸易及投资自由化及推动各成员国互联互通,支持推动多边贸易体系并实现贸易目标,这都得到了中国和俄罗斯的积极响应,这些措施的实施无疑会产生"外溢效应",进一步推动上海合作组织框架下的中俄经贸合作。[②]

无论从自身的经济转型,还是从拓展政治影响的角度,上合组织成员国对于加强自身在全球影响的愿望都十分强烈希冀做国际秩序健康发展的建设性力量。近年来,上海合作组织连续发表

---

① В. И. Василенко, В. В. Василенко, А. Г. Потеенко, "Шанхайская организация сотрудничества в региональной системе безопасности политико-правовой аспект", Москва: Проспект, 2014г.

② 《印尼总统苏西洛介绍 2013 年 APEC 峰会成果》, 中国新闻网, http://www.chinanews.com/gj/2013/10-08/5351781.shtml. (上网时间:2015 年 2 月 8 日)。

声明，对国际热点问题表明自己的立场和态度。2011 年 3 月 4
日，上海合作组织针对中东局势发表声明称，上海合作组织成员
国与中东北非地区国家保持着友好交往，对该地区局势表示关
注，希望有关国家政府和人民根据本国人民的根本利益，在充分
保护人权、严格遵守国际人道法和确保平民安全的情况下，通过
对话和协商，解决好面临的各种问题，尽快恢复稳定和正常秩
序，走出一条符合自身国情的发展建设道路。① 2012 年 6 月 7
日，上海合作组织成员国元首理事会第十二次会议在北京发表了
《上海合作组织成员国元首关于构建持久和平、共同繁荣地区的
宣言》，对伊朗核问题、叙利亚局势发展、阿富汗局势、中东变
革、全球能源安全、联合国改革、核安全、外空安全、国际金融
体系改革等一系列重要国际问题发表了看法。② 2013 年 9 月 13
日，在比什凯克举行的上海合作组织成员国元首理事会第十三次
会议重申了上述立场。2014 年 9 月 11 ~ 12 日，上海合作组织成
员国元首理事会第十四次会议在杜尚别举行，与会元首共同签署
并发表《上海合作组织成员国元首杜尚别宣言》。宣言指出，元
首们支持尽快在乌克兰恢复和平，继续旨在全面解决该国危机的
谈判进程。这份近五千字的宣言对当前国际形势、阿富汗局势、
叙利亚问题、乌克兰局势、伊朗核问题等国际和地区热点问题均
有涉及。通过向国际社会发出自己的声音，上海合作组织向世界
说明了本组织处理国际事务的原则，表明上海合作组织已经成为
一个负责任的维护和平、促进发展的行为体，在国际舞台上发挥
着越来越重要的作用。

随着上海合作组织在国际事务中影响力的快速提升，其未来

---

① 《上海合作组织秘书长就中东局势发表声明》，http：//news. xinhuanet. com/
politics/2011 – 03/04/c_121149935. htm. （上网时间：2015 年 4 月 23 日）。

② 上合组织成员国元首签署《上海合作组织成员国元首关于构建持久和平、共
同繁荣地区的宣言》，http：//news. xinhuanet. com/world/2012 – 06/07/c_112145924.
htm. （上网时间：2015 年 5 月 2 日）。

发展展现出巨大潜力，正在吸引越来越多的国家和国际组织与之建立各种形式的联系与合作。目前，上海合作组织已经与联合国、独联体、欧亚经济联盟、集体安全条约组织、亚信会议、欧盟、东盟等国际组织建立起密切的关系，展开各种合作。上海合作组织领导人对本组织的日益发展给予高度评价。中国国家主席习近平认为，成员国坚定遵循"上海精神"，在构建命运共同体道路上迈出日益坚实的步伐，树立了合作共赢的新型国际关系典范。① 俄罗斯总统普京认为，上海合作组织是相当成熟的国际组织，能够独立自主地解决本地区维护和平、安全和发展方面所面临的问题，已经成为国际舞台上一支重要的力量。哈萨克斯坦总统纳扎尔巴耶夫也指出，作为一个强大和有前途的国际组织，上海合作组织已经确立自己在国际社会中的地位。② 上海合作组织不是一个军事集团和针对第三方的封闭联盟，而是一个面向广泛国际合作的开放性组织，现在上海合作组织成员国和观察员国已经包括了一些世界大国，代表全世界一半的人口。与此同时，西方国家也越来越重视上海合作组织。经过十几年的发展，上海合作组织取得了巨大的成就，国际地位进一步提高，相信上海合作组织框架内的合作将进一步深化，行动会更加成熟，前景会更加光明。上海合作组织已经成功探索出以互信求安全、以互利求合作的新型区域合作组织模式，在很多方面成为地区和国际合作的典范。依托上海合作组织，中国特色大国外交将在加强地区合作、推进"一带一路"建设和完善全球治理进程中发挥更大的作用。

---

① 《团结协作　开放包容　建设安全稳定、发展繁荣的共同家园——习近平在上海合作组织成员国元首理事会第十七次会议上的讲话》，载于《人民日报》2017 年 6 月 10 日。

② ШОС подошла к расширению，http：//www.kommersant.ru/doc/2684490.（上网时间：2017 年 5 月 1 日）。

结　语

从参与多边合作到
引领全球治理

随着全球化的不断发展，全球治理任务日趋艰巨。多边外交呈现空前活跃态势，形式和内容也日趋多样化，形成了以联合国为中心，各种区域、次区域以及不同领域的庞大网络。作为崛起大国，中国有必要顺应这一历史潮流，以更加积极、主动、开放的姿态参与多边外交。同时，面对不断增多的全球性挑战，世界越来越多的国家期待中国在全球治理进程中发挥更大的作用。从上海合作组织起步参与多边合作到举办二十国集团领导人峰会引领全球治理，中国多边外交正呈现出崭新面貌。

一、中国参与多边外交的新理念

（一）以人类命运共同体理念为指导，坚持合作共赢

当今世界，国与国之间联系日益紧密，相互依存、共同演进成为应对日益突出的全球性挑战、实现和平与发展的时代诉求。面对新的形势，中国提出打造人类命运共同体理念，在追求本国利益时兼顾他国合理关切，在谋求本国发展中促进各国共同进步。

人类命运共同体的核心是合作共赢。在全球化大背景下，世界各国利益日益融合，国家之间也许政治制度不同、经济发展水平不同、文化信仰不同，但合作共赢却是最大公约数，以对立、施压和对抗解决全球性挑战没有出路。"如果抱着功利主义的思维，希望多占点便宜、少承担点责任，最终将是损人不利己"①。构建以合作共赢为核心的新型国际关系，就是要以合作取代对抗，以共赢取代独占，推动各国同舟共济、携手共进。

在全球治理领域，随着国际力量对比和世界经济格局的深刻变化，现有的全球治理格局已经不能适应这种变化，加强全球治理、推进全球治理体制变革已是大势所趋。"明者因时而变，知者随事而制。"推进全球治理变革，理念创新是前提。习近平多次强调，"要跟上时代前进步伐，就不能身体已进入21世纪，而脑袋还停留在过去，停留在殖民扩张的旧时代里，停留在冷战思维、零和博弈的老框框内"②，"我们要坚持合作共赢，推动建立以合作共赢为核心的新型国际关系，坚持互利共赢的开放战略，把合作共赢理念体现到政治、经济、安全、文化等对外合作的方方面面"③。按照这一要求，中国积极倡导国家间建立平等相待、互商互谅的伙伴关系；营造公平正义、共建共享的安全格局；谋求开放创新、包容互惠的发展前景；促进和而不同、兼收并蓄的文明交流；构筑尊崇自然、绿色发展的生态体系。以人类命运共同体理念为出发点，中国努力实现自身国家利益和全人类利益有

①　2015年11月30日，《习近平主席在气候变化巴黎大会开幕式上发表了题为"携手构建合作共赢、公平合理的气候变化治理机制"的讲话》，人民网，http：//politics. people. com. cn/n/2015/1201/c1024－27873625. html.（上网时间：2015年12月11日）。

②　2013年3月24日，《习近平在莫斯科国际关系学院发表的重要演讲"顺应时代前进潮流　促进世界和平发展"》，人民网，http：//politics. people. com. cn/n/2013/0324/c1024－20892661. html.（上网时间：2015年1月2日）。

③　2014年11月28日至29日，《中共中央总书记、国家主席、中央军委主席习近平在中央外事工作会议上的讲话》，新华网，http：//news. xinhuanet. com/politics/2014－11/29/c_1113457723. htm.（上网时间：2014年12月20日）。

机协调和共同促进。

从人类命运共同体理念出发，中国作为负责任的大国，"不管全球治理体系如何变革，我们都要积极参与，发挥建设性作用，推动国际秩序朝着更加公正合理的方向发展，为世界和平稳定提供制度保障"①。2015 年 12 月 1 日，中国正式接任二十国集团主席国，习近平在发表的致辞中强调："我们要树立人类命运共同体意识，推进各国经济全方位互联互通和良性互动，完善全球经济金融治理，减少全球发展不平等、不平衡现象，使各国人民公平享有世界经济增长带来的利益。"这体现了负责任大国的担当，也为国际规制的改革加入了平等、共赢等新的元素。

（二）以国际关系民主化为方向，共商、共建、共享

全球治理体制变革正处在历史转折点上。"国际力量对比发生深刻变化，新兴市场国家和一大批发展中国家快速发展，国际影响力不断增强，是近代以来国际力量对比中最具革命性的变化"②。推动全球治理体系向着更加公正合理的方向发展是世界各国的共同愿望。习近平因此提出，"我们应该共同推动国际关系民主化。世界的命运必须由各国人民共同掌握，世界上的事情应该由各国政府和人民共同商量来办。垄断国际事务的想法是落后于时代的，垄断国际事务的行动也肯定是不能成功的。"③ 中国不谋求在现有全球治理体制外建立对抗性或替代性国际机制，不谋求另起炉灶、推倒重来，而是要对现有体制中不公正、不合

---

① 2013 年 3 月 27 日，《习近平在金砖国家领导人第五次会晤时的发言》，人民网，http://politics.people.com.cn/n/2013/0328/c1001-20941062.html.（上网时间：2013 年 3 月 28 日）。

② 2015 年 10 月，《习近平同志在中共中央政治局第二十七次集体学习上的讲话》，光明网，http://theory.gmw.cn/2015-10/14/content_17342101.htm.（上网时间：2016 年 2 月 2 日）。

③ 2014 年 6 月 28 日，《习近平同志在和平共处五项原则发表 60 周年纪念大会上的讲话》，新华网，http://news.xinhuanet.com/politics/2014-06/28/c_1111364206.htm.（上网时间：2015 年 10 月 6 日）。

理的地方进行改革完善。中国坚持国际关系民主化，就是强调重大问题应由各国协商解决，努力实现与世界各国携手合作、共同治理。

落实命运共同体理念，倡导共商、共建、共享。这就意味着，全球治理的事情大家一起商量着办，更加完善的全球治理体系大家一起建设，由此产生的成果也将由大家一起分享。2015年9月22日，在对美国进行国事访问前夕，习近平主席接受《华尔街日报》书面采访时说："全球治理体系是由全球共建共享的，不可能由哪一个国家独自掌握。中国没有这种想法，也不会这样做。""中美在全球治理领域有着广泛共同利益，应该共同推动完善全球治理体系。这不仅有利于双方发挥各自优势、加强合作，也有利于双方合作推动解决人类面临的重大挑战。"①国家不分大小、强弱、贫富，都是国际社会平等成员，理应平等参与决策、享受权利、履行义务。② 对于世界各国如何参与全球治理，习近平认为，"各国都应成为全球发展的参与者、贡献者、受益者。不能一个国家发展、其他国家不发展，一部分国家发展、另一部分国家不发展。各国能力和水平有差异，在同一目标下，应该承担共同但有区别的责任。要完善全球经济治理，提高发展中国家代表性和发言权，给予各国平等参与规则制定的权利。"③

推进全球治理规则民主化、法治化，应更加平衡地反映大多数国家意愿和利益。习近平强调，"要推动各方在国际关系中遵

① 2015年9月22日接受美国《华尔街日报》书面采访，新华网，http：//news. xinhuanet. com/zgjx/2015 - 09/22/c_134648774. htm.（上网时间：2015年9月23日）。

② 国家主席习近平2017年1月17日出席世界经济论坛2017年年会开幕式并发表了题为《共担时代责任，共促全球发展》的主旨演讲，人民网，http：//politics. people. com. cn/GB/n1/2017/0118/c1001 - 29030932. html.（上网时间：2017年1月18日）。

③ 2015年9月26日《习近平主席在联合国发展峰会上的讲话》，新华网，http://news. xinhuanet. com/world/2015 - 09/27/c_1116687809. htm.（上网时间：2015年9月27日）。

守国际法和公认的国际关系基本原则，用统一适用的规则来明是非、促和平、谋发展。在国际社会中，法律应该是共同的准绳，没有只适用他人、不适用自己的法律，也没有只适用自己、不适用他人的法律。适用法律不能有双重标准。我们应该共同维护国际法和国际秩序的权威性和严肃性，各国都应该依法行使权利，反对歪曲国际法，反对以'法治'之名行侵害他国正当权益、破坏和平稳定之实。"① "什么样的国际秩序和全球治理体系对世界好、对世界各国人民好，要由各国人民商量，不能由一家说了算，不能由少数人说了算。"② "推动全球治理体系变革是国际社会大家的事，要坚持共商共建共享原则，使关于全球治理体系变革的主张转化为各方共识，形成一致行动。"③

（三）以加强全球公共产品供给为路径，引领制度变革

如何提升制度设计能力，是摆在中国外交面前的重大课题。随着人类面临的重大跨国性和全球性挑战日益增多，有必要对全球治理体制机制进行相应的调整改革。而全球治理体系只有适应国际经济格局新要求，才能为全球经济提供有力保障。④ 经济全球化背景下，各国利益紧密相连，以和平方式完成变革比历史上任何时期具备更多有利条件。中国主张的改革并不是推倒重来，

---

① 2014 年 6 月 28 日，《习近平同志在和平共处五项原则发表 60 周年纪念大会上的讲话》，新华网，http：//news. xinhuanet. com/politics/2014 – 06/28/c_1111364206. htm. （上网时间：2014 年 6 月 29 日）。

② 2016 年 7 月 1 日，《习近平同志在庆祝中国共产党成立 95 周年大会上的讲话》，新华网，http：//news. xinhuanet. com/politics/2016 – 07/01/c_1119150660. htm. （上网时间：2016 年 7 月 2 日）。

③ 2016 年 9 月 27 日，《习近平同志在中共中央政治局第三十五次集体学习上的讲话》，新华网，http：//news. xinhuanet. com/politics/2016 – 04/30/c_1118778656. htm. （上网时间：2016 年 9 月 28 日）。

④ 国家主席习近平 2017 年 1 月 17 日出席世界经济论坛 2017 年年会开幕式并发表了题为《共担时代责任，共促全球发展》的主旨演讲，人民网，http：//politics. people. com. cn/GB/n1/2017/0118/c1001 – 29030932. html. （上网时间：2017 年 1 月 18 日）。

也不是另起炉灶，而是创新完善。"中国将积极参与全球治理体系建设，努力为完善全球治理贡献中国智慧，同世界各国人民一道，推动国际秩序和全球治理体系朝着更加公正合理方向发展"。①

以循序渐进方式，推动全球治理机制变革向着公正合理的方向发展，为全球治理设计新的全球公共品，提出中国方案，是中国参与全球治理的主要路径。2014 年 3 月 28 日在德国科尔伯基金会演讲时，习近平表示"中国的发展绝不以牺牲别国利益为代价，我们绝不做损人利己、以邻为壑的事情。我们将从世界和平与发展的大义出发，贡献处理当代国际关系的中国智慧，贡献完善全球治理的中国方案，为人类社会应对 21 世纪的各种挑战作出自己的贡献。"② 中共十八届五中全会公报明确提出，中国将"积极参与全球经济治理和公共产品供给，提高我国在全球经济治理中的制度性话语权，构建广泛的利益共同体"。

对内而言，中国参与全球治理的目的，就是服从服务于实现"两个一百年"奋斗目标、实现中华民族伟大复兴的中国梦；就是要统筹国内国际两个大局，为中国发展和世界和平创造更加有利的条件。2014 年 12 月，中共中央政治局就加快自由贸易区建设进行集体学习时，习近平指出："加快实施自由贸易区战略，是我国积极参与国际经贸规则制定、争取全球经济治理制度性权力的重要平台，我们不能当旁观者、跟随者，而是要做参与者、引领者，善于通过自由贸易区建设增强我国国际竞争力，在国际规则制定中发出更多中国声音、注入更多中国元素，维护和拓展我国发展利益。"

---

① 2016 年 7 月 1 日，《习近平同志在庆祝中国共产党成立 95 周年大会上的讲话》，新华网，http://news.xinhuanet.com/politics/2016 – 07/01/c_1119150660.htm.（上网时间：2016 年 7 月 2 日）。

② 《2014 年 3 月 28 日习近平同志在德国科尔伯基金会的演讲》，http://cpc.people.com.cn/n/2014/0330/c64094 – 24773108.html.（上网时间：2014 年 3 月 29 日）。

对外而言，中国欢迎各国搭中国的便车，搭中国发展的快车，共同打造人类命运共同体。2014年8月22日，习近平在蒙古国国家大呼拉尔发表题为《守望互助，共创中蒙关系发展新时代》的演讲，提出"中国愿意为周边国家提供共同发展的机遇和空间，欢迎大家搭乘中国发展的列车，搭快车也好，搭便车也好，我们都欢迎。"① 2015年11月7日，习近平在新加坡国立大学发表演讲时再次强调，"中国的发展进程得到周边国家的帮助和支持，中国发展成果也为周边国家所分享。中国愿意把自身发展同周边国家发展更紧密地结合起来，欢迎周边国家搭乘中国发展'快车''便车'，让中国发展成果更多惠及周边，让大家一起过上好日子。"② 2013年提出"一带一路"倡议以来，这一倡议得到了国际社会的普遍欢迎。"在'一带一路'建设国际合作框架内，各方秉持共商、共建、共享原则，携手应对世界经济面临的挑战，开创发展新机遇，谋求发展新动力，拓展发展新空间，实现优势互补、互利共赢，不断朝着人类命运共同体方向迈进"③。"一带一路"倡议已经成为当代全球治理中的中国方案，也为"失序""无序"的世界贡献了新的、不可或缺的公共产品。

（四）以能力建设为支撑，尽力而为、量力而行

为全球治理提供公共产品，必然需要耗费资源。参与和引领全球治理体系变革，加强中国的全球治理能力建设是关键。对于新的跨国领域的全球治理新边界，中国的知识和能力提升空间也

① 2014年8月22日，《中国国家主席习近平在蒙古国国家大呼拉尔发表的演讲》，中新网，http：//www. chinanews. com/gn/2014/08 - 22/6523063. shtml. （上网时间：2014年8月23日）。

② 2015年11月7日，《国家主席习近平在新加坡国立大学发表的演讲》，新华网，http：//news. xinhuanet. com/politics/2015 - 11/07/c _1117071978. htm. （上网时间：2015年11月8日）。

③ 2017年5月15日，《习近平在"一带一路"国际合作高峰论坛峰会上的开幕词》，新华网，http：//news. xinhuanet. com/politics/2017 - 05/15/c _1120976082. htm. （上网时间：2017年5月16日）。

很大。

全球治理格局取决于国际力量对比，全球治理体系变革源于国际力量对比变化。习近平强调，"我们要坚持以经济发展为中心，集中力量办好自己的事情，不断增强我们在国际上说话办事的实力。我们要积极参与全球治理，主动承担国际责任，但也要尽力而为、量力而行。"①

中国参与全球治理优先关注经济增长和共同发展。在中国看来，全球性挑战之所以层出不穷，一方面源于国家内部治理的失败，另一方面则是全球发展长期不平衡的结果。只有实现经济增长和共同发展，在国家治理和全球治理中失败的社会群体才能摆脱绝望，看到希望，从而铲除极端主义滋生的土壤。习近平在2013年博鳌亚洲论坛年会上就曾指出，"一花独放不是春，百花齐放春满园。"他强调，"要加强南南合作和南北对话，推动发展中国家和发达国家平衡发展，夯实世界经济长期稳定发展基础。要积极创造更多合作机遇，提高合作水平，让发展成果更好惠及各国人民，为促进世界经济增长多作贡献。"② 归根结底，世界经济的发展是完善全球治理的前提。

与此同时，中国也十分重视全球治理人力资源建设。中国谙知当前自身参与国际组织工作和国际规则建设的人才匮乏，不足以满足中国充分参与和引领全球治理的要求。2015年10月，习近平同志在中共中央政治局第二十七次集体学习时强调，"要加强能力建设和战略投入，加强对全球治理的理论研究，高度重

①　2016年9月27日，《习近平同志在中共中央政治局第三十五次集体学习上的讲话》，新华网，http://news.xinhuanet.com/politics/2016-04/30/c_1118778656.htm.（上网时间：2016年9月28日）。

②　《习近平在博鳌亚洲论坛2013年年会上的主旨演讲〈共同创造亚洲和世界的美好未来〉》，人民网，http://cpc.people.com.cn/n/2013/0407/c64094-21045989.html.（上网时间：2013年4月8日）。

视全球治理方面的人才培养。"① 2016 年 9 月，习近平同志在中共中央政治局第三十五次集体学习时再次强调，"要提高我国参与全球治理的能力，着力增强规则制定能力、议程设置能力、舆论宣传能力、统筹协调能力。参与全球治理需要一大批熟悉党和国家方针政策、了解我国国情、具有全球视野、熟练运用外语、通晓国际规则、精通国际谈判的专业人才。要加强全球治理人才队伍建设，突破人才瓶颈，做好人才储备，为我国参与全球治理提供有力人才支撑。"② 这为中国的国际组织人才培养指明了方向。

二、中国引领全球治理的重要实践

《上海合作组织至 2025 年发展战略》中指出，上合组织愿在联合国发挥中心协调作用的条件下，为推动建设和完善以集体原则、国际法治、相互尊重、不干涉内政、互信、互利、平等和伙伴关系为基础的民主、公正和合理的国际秩序作出贡献。中共十八大以来，以习近平同志为核心的党中央明确提出了共商、共建、共享的全球治理观，积极参与多边合作，为完善全球治理贡献了中国智慧。中国抓住机遇、主动作为，坚决维护以联合国宪章宗旨和原则为核心的国际秩序，维护中国人民以巨大民族牺牲换来的第二次世界大战胜利成果；提出"一带一路"倡议，发起成立亚洲基础设施投资银行等新型多边金融机构，促成国际货币基金组织完成份额和治理机制改革；积极参与制定海洋、极地、网络、外空、核安全、反腐败、气候变化等新兴领域治理规

---

① 2015 年 10 月 12 日，《习近平同志在中共中央政治局第二十七次集体学习上的讲话》，新华网，http://news.xinhuanet.com/politics/2015 - 12/30/c_1117631083.htm.（上网时间：2016 年 1 月 2 日）。

② 2016 年 9 月 27 日，《习近平同志在中共中央政治局第三十五次集体学习上的讲话》，新华网，http://news.xinhuanet.com/politics/2016 - 04/30/c_1118778656.htm.（上网时间：2016 年 9 月 28 日）。

则。中国成功举办了亚太经合组织领导人非正式会议、二十国集团领导人杭州峰会、"一带一路"国际合作高峰论坛和金砖国家峰会。这些外交实践引领了国际发展与合作议程，有力推动了全球经济治理体系变革。

（一）维护以联合国为代表的国际秩序

作为联合国安理会常任理事国，中国努力与广大发展中国家一道，坚定维护《联合国宪章》的宗旨和原则，维护联合国在处理国际和平与安全事务中的核心地位和主渠道作用。2012 年 12 月，习近平在会见第 67 届联合国大会主席耶雷米奇时指出，"要始终坚持《联合国宪章》宗旨和原则，希望联合国说公道话、办公道事。中国将一如既往加强同联合国合作，致力于同各国一道，推动实现世界和平发展、合作共赢、公平正义。"① 2013 年 11 月，习近平在会见联合国工业发展组织总干事李勇时指出，"中国一贯支持国际发展事业，愿在南南合作框架内同联合国工发组织一道，本着互利共赢的原则，帮助其他发展中国家发展，继续为实现联合国千年发展目标作出贡献，共同促进世界发展繁荣。"② 2014 年 2 月，习近平在俄罗斯索契奥运会期间会见联合国秘书长潘基文时指出，"联合国应对全球性威胁和挑战的作用不可替代，是加强和完善全球治理的重要平台。"③ 2014 年 7 月，习近平在巴西国会演讲时指出，"维护和弘扬国际公平正义，必须坚持联合国宪章宗旨和原则。反对各种形式的霸权主义和强权政治。我们应该加强在联合国、世界贸易组织、二十国

---

① 《习近平会见联合国大会主席时主张各国携手实现世界和平发展、合作共赢、公平正义》，载于《光明日报》2012 年 12 月 28 日第 1 版。

② 《习近平会见联合国工业发展组织总干事李勇》，新浪网，http://news. sina. com. cn/o/2013 – 11 – 10/175828671654. shtml.（上网时间：2013 年 11 月 10 日）。

③ 《习近平会晤潘基文和两国总统》，新浪网，http://news. 163. com/14/0208/03/9KHHD0GS00014AED. html.（上网时间：2014 年 2 月 8 日）。

集团、金砖国家等国际和多边机制内的协调和配合，凝聚发展中国家力量，积极参与全球治理，为发展中国家争取更多制度性权力和话语权。"① 2015 年 9 月 26 日国家主席习近平在纽约联合国总部出席联合国发展峰会并发表题为《谋共同永续发展做合作共赢伙伴》的重要讲话，提出争取公平的发展、坚持开放的发展、追求全面的发展、促进创新的发展，倡议国际社会加强合作，共同落实 2015 年后发展议程，努力实现合作共赢，受到了联合国的热烈欢迎。

　　第二次世界大战后建立的以联合国为核心的国际秩序，是包括中国在内的反法西斯国家和人民以巨大牺牲换来的成果，维护这一成果是各国共同承担的重任。2014 年 9 月，习近平在会见俄罗斯联邦委员会主席马特维延科时指出，"两国立法机构也可以积极参与，并在多边议会组织中密切配合，共同发声发力，扩大宣传，维护好第二次世界大战成果和战后国际秩序。"② 2015 年 1 月，习近平会见法国总理瓦尔斯时也指出，"中法作为战胜国和联合国安理会常任理事国，要携手维护二战胜利成果和战后和平秩序，推动建立以合作共赢为核心的新型国际关系。"③ 2015 年 7 月，习近平在会见俄罗斯总统普京时强调，"我们赞成金砖国家一致向世界发出维护第二次世界大战胜利成果、促进世界和平与安全、推动国际关系民主化的积极信号，巩固金砖国家在完善全球治理、加强多边主义等方面的重要作用。"④ 2015 年 11 月，习近平会见普京时再度指出，"希望中俄双方在新的一年

---

　　① 习近平：《弘扬传统友好　共谱合作新篇——在巴西国会的演讲》，新华网，http：//news. xinhuanet. com/world/2014 – 07/17/c_1111665403. htm.（上网时间：2014 年 7 月 16 日）。

　　② 《习近平会见俄罗斯联邦委员会主席》，载于《人民日报》2014 年 9 月 24 日第 1 版。

　　③ 《习近平在人民大会堂会见法国总理瓦尔斯》，新华网，http：//news. xinhuanet. com/politics/2015 – 01/30/c_1114199898. htm.（上网时间：2015 年 1 月 30 日）。

　　④ 《习近平会见俄罗斯总统普京》，新华网，http：//news. xinhuanet. com/world/2015 – 07/08/c_1115861505. htm.（上网时间：2015 年 7 月 8 日）。

里继续加强合作，坚定维护第二次世界大战胜利成果和以联合国为核心的国际秩序，推动现行国际秩序朝着更加公正合理的方向发展。"① 在纪念中国人民抗日战争暨世界反法西斯战争胜利70周年大会上习近平强调指出，"世界各国应该共同维护以联合国宪章宗旨和原则为核心的国际秩序和国际体系，积极构建以合作共赢为核心的新型国际关系，共同推进世界和平与发展的崇高事业。"②

　　针对地区安全的挑战，中国以联合国宪章精神为基础，积极参与上合、亚信等多边安全合作，提出了亚洲安全观。2014年，习近平在塔吉克斯坦《人民报》和霍瓦尔国家通讯社同时发表题为《让中塔友好像雄鹰展翅》署名文章，指出"在上合组织框架内，我们同其他成员国一道，积极践行互信、互利、平等、协商、尊重多样文明、谋求共同发展的'上海精神'，确立了长期睦邻友好合作关系，以实际行动开创了结伴而不结盟的国际关系新模式。"③ 除上合组织外，亚信会议是亚洲地区关于安全问题的重要官方多边论坛，自其创设初期，就强调"恪守《联合国宪章》宗旨和原则，坚持各成员国一律平等，相互尊重主权和领土完整，互不干涉内政"④。2014年5月，习近平在第四次亚信峰会上提出了包括普遍、平等、包容等要义在内的"共同、综

---

　　① 《习近平会见俄罗斯总统普京》，新华网，http：//news. xinhuanet. com/world/2015－11/16/c_1117147075. htm.（上网时间：2015年11月15日）。

　　② 《习近平在纪念中国人民抗日战争暨世界反法西斯战争胜利70周年大会上的讲话》，新华网，http：//news. xinhuanet. com/2015－09/03/c_1116456504. htm.（上网时间：2015年9月3日）。

　　③ 《习近平在塔吉克斯坦媒体发表署名文章，让中塔友好像雄鹰展翅》，载于《人民日报》2014年9月11日第1版。

　　④ 《亚洲相互协作与信任措施会议组织（会议）概况》，中华人民共和国外交部，http：//www. fmprc. gov. cn/web/gjhdq_676201/gjhdqzz_681964/yzxhhy_683118/jbqk_683120.（上网时间：2018年5月1日）。

合、合作、可持续的亚洲安全观"①，倡导"亚洲国家以亚信为依托，通过推动对话合作平台、完善秘书处职能、举办非政府会议、增强组织包容性、扩大与其他组织联系"等一系列建议，为亚洲安全的维护提出具体可行的政策主张。2016 年 4 月，习近平在亚信会议第五次外长会议上再度指出，"我们要坚持和践行亚洲安全观，凝聚共识，促进对话，加强协作，推动构建具有亚洲特色的安全治理模式，共创亚洲和平与繁荣的美好未来"，并提出了四点主张："把握方向，构建亚洲命运共同体；夯实基础，推动不同文明交流互鉴；互谅互让，坚持对话协商和平解决争议；循序渐进，探讨建立符合地区特点的安全架构。"② 亚洲安全观是一种创新性的安全思维和外交理念，反映了和平与发展的时代呼声，从综合安全的视角构建起和谐地区的框架，正在成为亚洲安全共同体建设的行动指南。

（二）努力推进国际经济体系改革

在经济金融领域，中国发挥优势，推动现有国际金融机构改革，努力实现全球经济治理决策民主化、治理规则公正化和治理能力现代化。习近平认为，"要推动变革全球治理体制中不公正不合理的安排，推动国际货币基金组织、世界银行等国际经济金融组织切实反映国际格局的变化，特别是要增加新兴市场国家和发展中国家的代表性和发言权，推动各国在国际经济合作中权利平等、机会平等、规则平等。③" 按照这一要求，中国推动落实

---

① 习近平：《积极树立亚洲安全观　共创安全合作新局面——在亚洲相互协作与信任措施会议第四次峰会上的讲话》，新华网，http://news. xinhuanet. com/world/2014 - 05/21/c_126528981. htm. （上网时间：2014 年 5 月 21 日）。
② 习近平：《凝聚共识　促进对话　共创亚洲和平与繁荣的美好未来——在亚信第五次外长会议开幕式上的讲话》，新华网，http://news. xinhuanet. com/2016 - 04/28/c_1118761158. htm. （上网时间：2016 年 4 月 28 日）。
③ 2014 年 6 月 28 日，《习近平同志在和平共处五项原则发表 60 周年纪念大会上的讲话》，新华网，http://news. xinhuanet. com/politics/2014 - 06/28/c_1111364206. htm. （上网时间：2014 年 6 月 29 日）。

国际货币基金组织份额改革方案，人民币成功加入 IMF 特别提款权货币篮子；设立亚洲基础设施投资银行，支持金砖国家新开发银行和应急储备安排，构建金砖国家金融安全网；深度参与二十国集团领导人峰会，利用 2016 年主办二十国集团领导人杭州峰会的时机，在主题议题设计、成果规划和推进等方面留下了深刻的中国印记，提出了以平等为基础、以开放为导向、以合作为动力、以共享为目标的全球经济治理观，在全球经济治理中发挥了重要的引领作用。

1. 推进 G20 发挥全球经济治理主平台作用

中国作为 G20 创始国，一直积极参与 G20 活动，习近平主席在 G20 峰会上有力展现了中国负责任大国的担当。2013 年在俄罗斯圣彼得堡，习近平强调要"放眼长远，努力塑造各国发展创新、增长联动、利益融合的世界经济，坚定维护和发展开放型世界经济"，并提出"采取负责任的宏观经济政策；共同维护和发展开放型世界经济；完善全球经济治理，使之更加公平公正"①的政策建议。2014 年在澳大利亚布里斯班，习近平发表题为《推动创新发展实现联动增长》的讲话，再次提出"创新发展方式；建设开放型世界经济；完善全球经济治理"②的三点建议。2015 年在土耳其安塔利亚，习近平提出十项重点承诺，内容涉及经济增长方式转变、金融体制改革、市场活力提升等诸多领域。③

2015 年中国成为 G20 主席国，将 G20 杭州峰会主题定为

---

① 习近平：《共同维护和发展开放型世界经济——在二十国集团领导人峰会第一阶段会议上关于世界经济形势的发言》，中国政府网，http：//www.gov.cn/ldhd/2013 -09/06/content_2482284.htm.（上网时间：2013 年 9 月 5 日）。

② 习近平：《推动创新发展　实现联动增长——在二十国集团领导人第九次峰会第一阶段会议上的发言》，新华网，http：//news.xinhuanet.com/world/2014 - 11/15/c_1113263795.htm.（上网时间：2014 年 11 月 15 日）。

③ 习近平：《创新增长路径　共享发展成果——在二十国集团领导人第十次峰会第一阶段会议上关于世界经济形势的发言》，新华网，http：//news.xinhuanet.com/politics/2015 -11/16/c_1117147101.htm.（上网时间：2015 年 11 月 15 日）。

"构建创新、活力、联动、包容的世界经济"。围绕这一主题，中国在峰会筹备期间举办了3次协调人会议，3次财长和央行行长会，及贸易、能源、就业、农业等G20专业部长会议，取得明显成就。贸易部长会议发布了G20历史上首份贸易部长声明，并批准首份《G20全球投资指导原则》①，为加强全球投资政策协调作出历史性贡献。能源部长会议提出将能源普及重点从撒哈拉沙漠以南非洲地区扩展到尚有5亿无电人口的亚太地区，并鼓励成员制定可再生能源发展战略和行动计划等②，为能源合作做出实质性贡献。

杭州峰会上，习近平提出"加强宏观政策协调，合力促进全球经济增长、维护金融稳定""创新发展方式，挖掘增长动能""完善全球经济治理，夯实机制保障""建设开放型世界经济，继续推动贸易投资自由化便利化""落实2030年可持续发展议程，促进包容性发展"五点重要倡议。中国推动制定了《二十国集团落实2030年可持续发展议程行动计划》《二十国集团全球贸易增长战略》《二十国集团全球投资指导原则》等文件。同时，中国利用G20平台力促南南合作和南北对话，推动世界更为关注全球均衡发展和可持续发展。对此，联合国秘书长潘基文评价，"中国政府具有远见，邀请众多发展中国家的领导人与会。这与中国一贯以来坚持的外交政策，即加强和深化南南合作的政策是一致的。G20杭州峰会在推进可持续发展议程和气候变化问题上取得历史性突破，中国向世界展示出卓越领导力。"③

2. 巩固金砖国家合作机制

21世纪以来，以新兴经济体为代表的发展中国家在世界经

---

① 《二十国集团全球投资指导原则》，载于《人民日报》2016年9月7日第21版。

② 《构建绿色低碳的全球能源治理格局》，中国网，http://news. china. com. cn/world/2016–09/30/content_39410493_3. htm.（上网时间：2016年9月30日）。

③ 《国际组织领导人高度评价G20杭州峰会成就》，载于《中国经济周刊》2016年第36期。

济格局中整体崛起，推动全球治理合理化，必须顺应这一历史趋势。

中国高度肯定金砖国家合作意义。2013 年 3 月，习近平接受金砖国家媒体联合采访时提出："全球经济治理体系必须反映世界经济格局的深刻变化，增加新兴市场国家和发展中国家的代表性和发言权"。"新兴市场国家和发展中国家希望全球经济治理体系更完善、更符合世界生产力发展要求、更有利于世界各国共同发展"①。在金砖国家德班峰会上，他指出，"我们来自世界四大洲的 5 个国家，为了构筑伙伴关系、实现共同发展的宏伟目标走到了一起，为了推动国际关系民主化、推进人类和平与发展的崇高事业走到了一起。求和平、谋发展、促合作、图共赢，是我们共同的愿望和责任。"② 2014 年 7 月，习近平出席金砖国家巴西福塔莱萨峰会前夕接受拉美媒体联合采访时指出，"只要金砖国家增进政治互信，凝聚战略共识，发出更多声音，提出更多方案，就能够为推动世界经济增长、完善全球经济治理、促进世界和平与发展贡献更多正能量。"随后，习近平在福塔莱萨峰会上指出，"金砖国家在许多重大国际和地区问题上共同发声、贡献力量，致力于推动世界经济增长、完善全球经济治理、推动国际关系民主化，成为国际关系中的重要力量和国际体系的积极建设者。"③

中国务实推进金砖国家团结合作。2013 年 3 月，在德班峰会上，习近平指出，"加强同金砖国家合作，始终是中国外交政

---

① 2013 年 3 月，《习近平就任中国国家主席后首次出访前夕接受金砖国家媒体联合采访》，人民网，http://politics.people.com.cn/n/2013/0320/c1024 - 20845460. html.（上网时间：2013 年 3 月 25 日）。

② 习近平：《携手合作　共同发展——在金砖国家领导人第五次会晤时的主旨讲话》，人民网．http://cpc.people.com.cn/n/2013/0328/c64094 - 20943553. html.（上网时间：2013 年 3 月 27 日）。

③ 习近平：《新起点　新愿景　新动力——在金砖国家领导人第六次会晤上的讲话》，新华网，http://news.xinhuanet.com/world/2014 - 07/16/c_1111643475. htm.（上网时间：2014 年 7 月 15 日）。

策的优先方向之一。中国将继续同金砖国家加强合作，使金砖国家经济增长更加强劲、合作架构更加完善、合作成果更加丰富，为各国人民带来实实在在的利益，为世界和平与发展作出更大贡献。"① 2014 年 7 月，在福塔莱萨峰会上，习近平讲话强调金砖国家应发扬合作伙伴精神，坚持开放、包容、合作、共赢——"我们应该坚持开放精神，发挥各自比较优势，加强相互经济合作，培育全球大市场，完善全球价值链，做开放型世界经济的建设者。我们应该坚持包容精神，推动不同社会制度互容、不同文化文明互鉴、不同发展模式互惠，做国际关系民主化的实践者。我们应该坚持合作精神，继续加强团结，照顾彼此关切，深化务实合作，携手为各国经济谋求增长，为完善全球治理提供动力。我们应该坚持共赢精神，在追求本国利益的同时兼顾别国利益，做到惠本国、利天下，推动走出一条大国合作共赢、良性互动的路子。"② 2017 年 7 月，习近平在汉堡 G20 峰会期间主持金砖国家领导人非正式会晤时强调，"金砖国家要发扬开放包容、合作共赢的伙伴精神，加强团结合作，维护共同利益，谋求联动发展"，并以四个"毫不动摇"——"要毫不动摇构建开放型世界经济""要毫不动摇奉行多边主义""要毫不动摇加强全球经济治理""要毫不动摇推动共同发展"③ 建言金砖国家密切关注和妥善应对世界经济发展的挑战。

中国倡议金砖国家与其他发展中国家加强协作。2013 年起，历届金砖国家领导人会晤均会由东道国邀请一些非金砖发展中国

① 习近平：《携手合作 共同发展——在金砖国家领导人第五次会晤时的主旨讲话》，人民网，http://cpc.people.com.cn/n/2013/0328/c64094 - 20943553.html.（上网时间：2013 年 3 月 27 日）。

② 习近平：《新起点 新愿景 新动力——在金砖国家领导人第六次会晤上的讲话》，新华网，http://news.xinhuanet.com/world/2014 - 07/16/c_1111643475.htm.（上网时间：2014 年 7 月 15 日）。

③《习近平主持金砖国家领导人非正式会晤》，载于《人民日报》2017 年 7 月 8 日第 1 版。

家进行对话交流。2017 年起，中国提出"金砖＋"模式，旨在进一步加强南南合作，凝聚发展中国力量应对全球挑战。2017年 3 月，外交部部长王毅在两会记者会上表示金砖合作 2017 年的看点之一是，"构筑南南合作新平台。我们将探索'金砖＋'的拓展模式，通过金砖国家与其他发展中大国或发展中国家组织开展对话，建设更广泛伙伴关系，扩大金砖'朋友圈'，把金砖合作打造成当今世界最有影响力的南南合作平台。"① 2017 年 9月，习近平在厦门举行的金砖国家工商论坛开幕式上讲话指出，"一箭易断，十箭难折。我们应该发挥自身优势和影响力，促进南南合作和南北对话，汇聚各国集体力量，联手应对风险挑战。我们应该扩大金砖合作的辐射和受益范围，推动'金砖＋'合作模式，打造开放多元的发展伙伴网络，让更多新兴市场国家和发展中国家参与到团结合作、互利共赢的事业中来。"② 基于这一理念，厦门会晤期间，埃及、墨西哥、塔吉克斯坦、几内亚、泰国等多个发展中国家领导人受邀出席新兴市场国家与发展中国家对话会。

3. 推动世界银行和国际货币基金组织改革

世界银行与国际货币基金组织的份额分配是第二次世界大战后由美欧主导确定的，发展中国家和新型经济体投票份额低，代表性不足，既不公正，也不合理。针对这一问题，中国积极推动和落实世界银行和国际货币基金组织份额改革。

国际货币基金组织于 2010 年通过相关方案，计划将中国份额从 3.994% 升至 6.390%。但这一改革方案需占总投票权 85% 的成员国接受才可通过，而美国一个国家投票权就达到 16.74%。因

---

① 《王毅谈今年金砖合作四大看点》，中华人民共和国外交部，http：//www. fmprc. gov. cn/web/zyxw/t1443997. shtml.（上网时间：2017 年 3 月 8 日）。

② 习近平：《共同开创金砖合作第二个"金色十年"——在金砖国家工商论坛开幕式上的讲话》，新华网，http：//news. xinhuanet. com/world/2017 - 09/03/c _ 1121596338. htm.（上网时间：2017 年 9 月 3 日）。

此，美国如果不通过该方案，国际货币基金组织改革就无法真正
实现。2014 年 G20 布里斯班峰会上，习近平在讨论增强世界经
济抗风险能力议题时要求，"继续改革国际金融体系，加快国际
货币基金组织份额改革进程。"① 2015 年，美国国会终于批准通
过了国际货币基金组织改革方案。2016 年初，中国正式跃居国
际货币基金组织第三大份额国，新兴市场在国际货币基金组织中
的地位整体得到大幅提高。2016 年二十国集团中国杭州峰会闭
幕，习近平在记者会上指出，"在落实国际货币基金组织 2010 年
改革方案基础上，我们同意继续推进国际金融机构份额和投票权
改革，期待国际货币基金组织朝着按时完成新一轮份额改革方向
努力。"②

当前西方主导的国际经济金融体系的另一不公平性表现是
"美元霸权"。第二次世界大战结束以来，美元长期在全球货币
体系中居于核心地位。随着全球经济格局变化，货币"多元化"
逐渐成为世界金融货币体系发展趋势。

2015 年 9 月，习近平对美国进行国事访问，中美两国公布
的成果清单中重要的一项便是"美方支持中方关于进一步推动金
融改革和资本市场改革的承诺，相应地，美国重申在人民币符合
IMF 现有标准的前提下支持人民币在特别提款权审查中纳入 SDR
篮子。双方承诺尊重 IMF 在 SDR 审查中的程序和流程，并将在
人民币加入 SDR 事宜上加强沟通。"③ 相关结果表明，美国正式
支持人民币纳入 SDR 篮子，这为人民币"入篮"扫清了重大障
碍。2015 年 11 月，习近平在土耳其安塔利亚举行的金砖国家领

---

① 《习近平出席二十国集团领导人第九次峰会第二阶段会议　会议宣布中国主
办 2016 年二十国集团领导人峰会》，载于《人民日报》2014 年 11 月 17 日第 1 版。
② 《G20 就继续推进国际金融机构份额和投票权改革达成共识》，新浪网，
http://finance.sina.com.cn/roll/2016-09-06/doc-ifxvpxua7964724.shtml.（上网时
间：2016 年 9 月 6 日）。
③ 《习近平访美中方成果清单发布》，人民网，http://politics.people.com.cn/
n/2015/0926/c1001-27637282.html.（上网时间：2015 年 9 月 26 日）。

导人非正式会晤讲话时指出，"国际货币基金组织已经完成特别提款权审查报告，明确指出人民币满足可自由使用标准，建议将人民币纳入特别提款权货币篮子。中方对此表示欢迎，也期待金砖国家继续支持人民币'入篮'。这有利于完善国际货币体系，维护全球金融稳定，将是一个共赢的结果。"① 2016 年 10 月，人民币正式加入国际货币基金组织特别提款权货币篮子，成为继美元、欧元、日元和英镑之后的第五种"入篮"货币。

4. 支持多哈回合谈判、推动 WTO 改革

长期以来，世界贸易组织是全球多边自由贸易的最重要推手，而中国是全球多边自由贸易国际机制的受益者和支持者。2001 年世贸组织多哈回合谈判拉开序幕，但至今尚未最终达成一致。

2013 年 9 月，习近平在圣彼得堡出席 G20 峰会时指出，"当前贸易保护主义明显抬头，多哈回合谈判停滞不前，多边贸易体系面临诸多挑战，这不利于世界经济复苏，不符合各国利益。"他强调要"加强多边贸易体系，推动多哈回合谈判。当前的多边贸易体制以世界贸易组织为核心，其生命力在于普惠性和非歧视性。参与区域自由贸易合作时，要坚持开放、包容、透明原则，使之既有利于参与方，又能体现对多边贸易体系和规则的支持，避免全球贸易治理体系碎片化。"② 2013 年 10 月，习近平在巴厘岛出席 APEC 峰会时也表示要"坚定信心，为多边贸易体制注入新的活力。我们应该勇于担当，发出强有力政治信号，推动多哈

---

① 习近平：《开拓机遇　应对挑战——在金砖国家领导人非正式会晤上的发言》，人民网，http://politics.people.com.cn/n/2015/1116/c1024 - 27817494.html.（上网时间：2015 年 11 月 15 日）。

② 《习近平在 G20 峰会就贸易等议题发表讲话》，中国新闻网，http://www.chinanews.com/gn/2013/09 - 06/5257107.shtml.（上网时间：2013 年 9 月 6 日）。

回合谈判达成早期收获并确定全面完成谈判的具体路线图。"①
2015 年 3 月，习近平在同出席博鳌亚洲论坛年会的中外企业家
代表座谈时表示，"我们支持多边贸易体制，致力于多哈回合谈
判，倡导亚太自由贸易区，推进区域全面经济伙伴关系谈判"②
2015 年 9 月，习近平在纽约联合国总部出席南南合作圆桌会上，
提出"要推动全球经济治理改革，巩固多边贸易体制，推动多哈
回合谈判早日实现发展授权，扩大同发达国家沟通交流，构建多
元伙伴关系，打造各方利益共同体"③ 的建议。

　　随着自身在全球贸易格局中的地位上升，中国已成为反对贸
易保护主义、支持多边自由贸易、推进多哈回合谈判的"旗
手"，并得到了世界的认可。欧盟贸易委员卡雷尔·德古特指出，
"中国在世贸组织中扮演了重要角色。欧盟一直是多哈回合谈判
的主要推动者之一，多哈回合谈判非常重要，而 WTO 作为全球
贸易规则体系的构建者的作用更是不能忽视。在此过程中，欧盟
需要包括中国在内的伙伴的支持和共同努力。"④ 南非贸易和工
业部长罗布·戴维斯也指出，"虽然部分发展中国家对于多哈回
合谈判仍存有顾虑，但是包括南非、中国在内的金砖国家一定不
会在多哈回合谈判问题上进行妥协让步，而是坚持谈判，加强发
展中国家的地位和作用。"⑤ 2013 年，多哈谈判取得一定进展，

　　① 习近平:《发挥亚太引领作用　维护和发展开放型世界经济——在亚太经合
组织领导人会议第一阶段会议上关于全球经济形势和多边贸易体制的发言》，载于
《人民日报》2013 年 10 月 8 日第 2 版。

　　② 《习近平同出席博鳌亚洲论坛年会的中外企业家代表座谈》，环球网，http://
finance. huanqiu. com/view/2015 -03/6041622. html. （上网时间：2015 年 3 月 29 日）。

　　③ 《习近平在南南合作圆桌会上发表讲话》，新浪网，http://news. sina.
com. cn/o/2015 -09 -28/doc-ifxieynu2566931. shtml. （上网时间：2015 年 9 月 28 日）。

　　④ 《多哈回合谈判获历史性突破中国的表现得到与会人士广泛赞扬》，京华时
报，http://epaper. jinghua. cn/html/2013 - 12/08/content _46274. htm. （上网时间：
2013 年 12 月 8 日）。

　　⑤ South Africa Government News Agency：Brics will not Compromise on Doha Round -
Davies，http://www. sanews. gov. za/south-africa/brics-will-not-compromise-doha-round-da-
vies，April 13，2011.

达成"巴厘一揽子协定"，对此，"土耳其驻世贸组织大使赛里姆·屈内拉尔普说，加入世贸组织 12 年来，中国一直积极参与众多谈判，是世贸组织的活跃成员。欧洲对外贸易协会贸易政策顾问皮埃尔·格勒宁则表示，中国在推动谈判方面具有较强影响力，发挥了积极有益的作用。他说，从谈判中能够看出，中国是一个负责任的国家，并以其充满智慧的方式影响了其他国家。"①

（三）积极推动新兴领域规则制定

在新兴领域，中国主动谋划，积极进取，坚持"共同但有区别的责任"原则、公平原则和各自能力原则，推动联合国气候变化巴黎峰会按期达成宽松、灵活、更具包容性的 2020 年后全球气候变化新体制，参加网络、外太空、极地、深海、气候变化等新领域的规则制定，并取得积极进展。

1. 推动气候变化合作取得成果

温室气体排放不受国界限制，影响遍及全球。中国以积极负责的姿态，积极参与应对全球气候变化。2015 年 9 月，习近平在华盛顿同美国总统奥巴马举行会谈，双方发表关于气候变化的联合声明，表示"坚信气候变化是人类面临的最重大挑战之一，两国在应对这一挑战中具有重要作用"②。2015 年 9 月，习近平出席联合国气候变化问题领导人工作午餐会时指出，"中国一直本着负责任的态度积极应对气候变化，将应对气候变化作为实现发展方式转变的重大机遇，积极探索符合中国国情的低碳发展道路。中国政府已经将应对气候变化全面融入国家经济社会发展的总战略。未来，中国将进一步加大控制温室气体排放力度，争取

---

① Karel De Gucht: The International Trade and Investment Policy of the EU in the Next Decade, Peterson Institute for International Economics, http://europa.eu/rapid/press-release_SPEECH - 10 - 762_en.htm, Washington, 16 December 2010.

② 《中美元首气候变化联合声明》，新华网，http://news.xinhuanet.com/world/2015 - 09/26/c_1116685873.htm.（上网时间：2015 年 9 月 26 日）。

到 2020 年实现碳强度降低 40% ~ 45% 的目标。"① 2015 年 12 月，习近平在出席气候变化巴黎大会开幕式上讲话再次强调，"应对气候变化是人类共同的事业"②。作为负责任的大国，中国坚定履行自己在应对全球气候变化领域的承诺。2016 年 9 月，中国全国人大常委会批准中国加入《巴黎协定》。2017 年 6 月美国宣布退出《巴黎协定》，中国仍然郑重承诺将"坚定不移地做全球气候治理进程的维护者和推动者"③，受到了国际社会的普遍赞誉。

同时，中国坚持"共同但有区别的责任"原则，维护发展中国家的利益。2015 年 10 月，习近平访问英国前接受路透社采访表示，"发达国家和发展中国家对造成气候变化的历史责任不同，发展需求和能力也存在差异。""发达国家与发展中国家处在不同的发展阶段，双方应当携手共同应对气候变化，但同时也应当承担不同责任。"④ 2015 年 12 月，习近平对《巴黎协定》也提出其应具备"有利于照顾各国国情，讲求务实有效"⑤的要义。针对发达国家，习近平在出席联合国气候变化问题领导人工作午餐会时提出建议——"发达国家要履行在资金和技术方面的义务，落实到 2020 年每年提供 1 000 亿美元的承诺，并向发展中国家转让气候友好型技术。"中国主动宣布拿出 200 亿元人民币建立"中国气候变化南南合作基金"，支持其他发展中国家应对气候变化。坚持"共同但有区别的责

---

① 《习近平出席联合国气候变化问题领导人工作午餐会》，新华网，http：//news. xinhuanet. com/world/2015 –09/28/c_1116697810. htm.（上网时间：2015 年 9 月28 日）。

②⑤ 习近平：《携手构建合作共赢、公平合理的气候变化治理机制——在气候变化巴黎大会开幕式上的讲话》，人民网，http：//politics. people. com. cn/n/2015/1201/c1024 –27873625. html.（上网时间：2015 年 11 月 30 日）。

③ 《2017 年 6 月 1 日外交部发言人华春莹主持例行记者会》，中华人民共和国外交部，http：//www. fmprc. gov. cn/ce/cede/chn/fyrth/t1466932. htm.（上网时间：2017年 6 月 1 日）。

④ 《习近平接受路透社采访》，新华网，http：//news. xinhuanet. com/world/2015 –10/18/c_1116859131. htm.（上网时间：2015 年 10 月 18 日）。

任"原则的意义在于，尊重各国，特别是发展中国家在国内政策、能力建设、经济结构方面的差异。各国要重视气候变化的负面影响，但不能任由其绑架国家发展问题。应对气候变化不应该妨碍发展中国家消除贫困、提高人民生活水平的合理需求。这一点恰恰体现了中国作为发展中国家、新兴经济体的代表，对国际规制建设的重大贡献。

2. 积极谋划网络安全建设

针对网络安全领域，中国主张网络空间并非法外之地，要树立正确网络安全观，加强国际合作，共同构建网络治理体系。一方面，中国高度认可互联网的积极意义。2015 年 12 月，习近平在浙江省乌镇视察"互联网之光"博览会时强调，"互联网是 20 世纪最伟大的发明之一，给人们的生产生活带来巨大变化，对很多领域的创新发展起到很强的带动作用。互联网发展给各行各业创新带来历史机遇。"[1] 2016 年 11 月，习近平在第三届世界互联网大会开幕式上视频讲话指出，"互联网是我们这个时代最具发展活力的领域。互联网快速发展，给人类生产生活带来深刻变化，也给人类社会带来一系列新机遇。"[2] 另一方面，中国也意识到互联网给各国带来的挑战。2014 年 11 月，习近平在向首届世界互联网大会所致的贺词中表示，"互联网发展对国家主权、安全、发展利益提出了新的挑战，迫切需要国际社会认真应对、谋求共治、实现共赢。"[3] 2015 年 9 月，习近平在西雅图微软公司总部会见出席中美互联网论坛双方主要代表时发表讲话，指出"当今时代，社会信息化迅速发展。从老百姓衣食住行到国家重

---

① 《习近平视察"互联网之光"博览会》，中国网，http：//www. chinanews. com/gn/2015/12－16/7674305. shtml.（上网时间：2015 年 12 月 16 日）。

② 习近平：《在第三届世界互联网大会开幕式上的视频讲话》，新华网，http：//news. xinhuanet. com/politics/2016－11/16/c _ 1119925133. htm.（上网时间：2016 年 11 月 16 日）。

③ 《习近平致首届世界互联网大会贺词全文》，人民网，http：//media. people. com. cn/n/2014/1119/c40606－26054255. html.（上网时间：2014 年 11 月 19 日）。

要基础设施安全，互联网无处不在。一个安全、稳定、繁荣的网络空间，对一国乃至世界和平与发展越来越具有重大意义。如何治理互联网、用好互联网是各国都关注、研究、投入的大问题。没有人能置身事外。"①

中国以务实态度，提出维护网络安全，构建网络治理体系。2014 年 5 月，习近平在上海会见联合国秘书长潘基文时指出"在网络问题上，联合国要发挥主渠道作用，讲规则、讲主权、讲透明，尊重各国在信息安全上的关切，实现共同治理。"② 2014 年 11 月，习近平在向首届世界互联网大会所致的贺词中表示，"中国愿意同世界各国携手努力，本着相互尊重、相互信任的原则，深化国际合作，尊重网络主权，维护网络安全，共同构建和平、安全、开放、合作的网络空间，建立多边、民主、透明的国际互联网治理体系。"③ 2014 年 7 月，习近平在巴西国会演讲时指出，"虽然互联网具有高度全球化的特征，但每一个国家在信息领域的主权权益都不应受到侵犯，互联网技术再发展也不能侵犯他国的信息主权。在信息领域没有双重标准，各国都有权维护自己的信息安全，不能一个国家安全而其他国家不安全，一部分国家安全而另一部分国家不安全，更不能牺牲别国安全谋求自身所谓绝对安全。国际社会要本着相互尊重和相互信任的原则，通过积极有效的国际合作，共同构建和平、安全、开放、合作的网络空间，建立多边、民主、透明的国际互联网治理体

---

① 《习近平会见出席中美互联网论坛双方主要代表时强调中国倡导建设和平、安全、开放、合作的网络空间》，人民网，http://politics.people.com.cn/n/2015/0924/c1001 – 27628402.html.（上网时间：2015 年 9 月 24 日）。

② 《共同促进世界和平与发展》，载于《人民日报》（海外版）2014 年 5 月 20日第 1 版。

③ 《习近平致首届世界互联网大会贺词全文》，人民网，http://media.people.com.cn/n/2014/1119/c40606 – 26054255.html.（上网时间：2014 年 11 月 19 日）。

系。"① 2015 年 12 月，习近平在第二届世界互联网大会开幕式上阐述了推进全球互联网治理体系变革的四大原则——"尊重网络主权""维护和平安全""促进开放合作""构建良好秩序"以及构建网络空间命运共同体的五项主张——"加快全球网络基础设施建设，促进互联互通""打造网上文化交流共享平台，促进交流互鉴""推动网络经济创新发展，促进共同繁荣""保障网络安全，促进有序发展""构建互联网治理体系，促进公平正义"②。

3. 积极参与外空、极地治理问题

针对外空开发领域，中国主张和平利用外空，反对外空武器化。中国政府明确表示："希望所有其他的国家，特别是有外空军事能力的国家，能够从全人类的福祉和长远利益出发，赞同这一立场。也正基于此，中国、俄罗斯及其他持相同立场和观点的国家，很早就在日内瓦联合国裁军谈判会议上提出，希望能够通过大家的共同谈判，尽早达成一项防止外空武器化的公约或者条约。我们希望所有其他成员，特别是有外空军事能力的国家，都能够积极地加入这一进程。"③ 2016 年 6 月，习近平在人民大会堂同俄罗斯总统普京举行会谈并签署《中华人民共和国主席和俄罗斯联邦总统关于加强全球战略稳定的联合声明》。声明指出，"外空武器化和将外空变为军事对抗区域的威胁正在上升。这一趋势的发展将破坏战略稳定，进而威胁国际安全。在此背景下，在中俄《防止在外空放置武器、对外空物体使用或威胁使用武力条约》草案基础上，启动谈判进程，制定确保外空非武器化的具

---

① 习近平：《弘扬传统友好　共谱合作新篇——在巴西国会的演讲》，新华网，http：//news. xinhuanet. com/world/2014 – 07/17/c_1111665403. htm.（上网时间：2014 年 7 月 16 日）。

② 习近平：《在第二届世界互联网大会开幕式上的讲话》，新华网，http：//news. xinhuanet. com/politics/2015 – 12/16/c_1117481089. htm.（上网时间：2015 年 12 月 16 日）。

③ 中华人民共和国外交部：《中国政府主张和平利用外空　反对外空武器化》，人民网，http：//world. people. com. cn/n1/2016/0511/c1002 – 28343273. html.（上网时间：2016 年 5 月 11 日）。

有法律约束力的国际协定，具有重大现实意义。同时，推动关于'不首先在外空部署武器'的国际倡议和政治义务具有重要意义。这与中俄共提的《防止在外空放置武器、对外空物体使用或威胁使用武力条约》草案宗旨相一致，有利于实现防止外空武器化目标。"

针对极地治理领域，中国主张和平利用极地，通过合理科考为人类发展添砖加瓦。2013年6月，习近平向南极科考人员发去南极仲冬节慰问电，指出"开展海洋和极地考察、探索地球科学奥秘具有重大现实意义"，并"希望大家加强交流合作、共同拼搏奋斗，努力为人类和平利用南极作出新的更大贡献。"① 2014年11月，习近平在访问澳大利亚期间，在澳大利亚总理阿博特陪同下参观南极科考项目并慰问两国科考人员时指出，"南极科学考察意义重大，是造福人类的崇高事业。中国开展南极科考为人类和平利用南极作出了贡献，30年来，中澳两国科考人员开展了全面深入合作。中方愿意继续同澳方及国际社会一道，更好认识南极、保护南极、利用南极。"② 2017年5月，第四十届南极条约协商会议在北京开幕，这是中国首次担任南极条约协商会议东道国。中国再度强调，"坚持以和平方式利用南极、坚持遵守南极条约体系、坚持平等协商互利共赢、坚持南极科学考察自由、坚持保护南极自然环境等原则。"③

---

① 习近平：《开展海洋和极地考察具有重大现实意义》，国际在线，http://gb.cri.cn/42071/2013/06/21/6611s4156380.htm.（上网时间：2013年6月21日）。

② 《习近平慰问中澳南极科考人员并考察中国"雪龙"号科考船》，国家海洋局，http://www.soa.gov.cn/xw/ztbd/2014/xlhww/xwzx_xlh/201411/t20141119_34117.html.（上网时间：2014年11月18日）。

③ "《国家网络空间安全战略》全文"，国家互联网信息办公室，http://www.cac.gov.cn/2016-12/27/c_1120195926.htm.（上网时间：2016年12月27日）。

（四）提出"一带一路"为代表的新倡议

2013 年 9 月，习近平在哈萨克斯坦纳扎尔巴耶夫大学发表演讲，提出共同建设"丝绸之路经济带"的畅想；同年 10 月，习近平在印度尼西亚国会发表演讲，提出共同建设"21 世纪海上丝绸之路"，这二者构成了"一带一路"倡议。随后，中国发起成立了亚洲基础设施投资银行、丝路基金等在内的配套金融机构。在全球经济发展面临困局之时，"中国方案"献计谋策，为全球提供新的公共产品。

一方面，中国强调"一带一路"倡议的包容性、普惠性。2016 年 1 月，习近平在亚洲基础设施投资银行开业仪式上致辞表示，"中国开放的大门永远不会关上，欢迎各国搭乘中国发展的'顺风车'。中国愿意同各方一道，推动亚投行早日投入运营、发挥作用，为发展中国家经济增长和民生改善贡献力量。我们将继续欢迎包括亚投行在内的新老国际金融机构共同参与'一带一路'建设。"[1] 随后不久，习近平又在阿拉伯国家联盟总部演讲表示，"'一带一路'建设，倡导不同民族、不同文化要'交而通'，而不是'交而恶'，彼此要多拆墙、少筑墙，把对话当作'黄金法则'用起来，大家一起做有来有往的邻居。"[2] 针对部分国家对"一带一路"倡议存有疑虑，尤其担心自身国家战略与中国"一带一路"倡议存在战略竞争甚至冲突的情况，中国通过多种渠道向世界增信释疑。2016 年 4 月，中共中央政治局第三十一次集体学习中，习近平指出，"我国是'一带一路'的倡导者和推动者，但建设'一带一路'不是我们一家的

---

[1]　习近平：《在亚洲基础设施投资银行开业仪式上的致辞》，新华网，http：//news. xinhuanet. com/politics/2016 – 01/16/c_1117796389. htm. （上网时间：2016 年 1 月 16 日）。

[2]　习近平：《共同开创中阿关系的美好未来——在阿拉伯国家联盟总部的演讲》，新华网，http：//news. xinhuanet. com/world/2016 – 01/22/c_1117855467. htm. （上网时间：2016 年 1 月 21 日）。

事。'一带一路'建设不应仅仅着眼于我国自身发展，而是要以我国发展为契机，让更多国家搭上我国发展快车，帮助他们实现发展目标。我们要在发展自身利益的同时，更多考虑和照顾其他国家利益。要坚持正确义利观，以义为先、义利并举，不急功近利，不搞短期行为。"

另一方面，中国强调"一带一路"的建设性、务实性。2017年5月，中国举办"一带一路"国际合作高峰论坛，这是中国首倡并主办的层级最高、规模最大的主场外交活动，29位外国元首和首脑以及来自130多个国家和70多个国际组织的负责人和各界代表出席论坛，开启了"一带一路"建设新篇章。峰会开幕式上，习近平承诺，"中国增加丝路基金1 000亿元人民币，中国国家开发银行、进出口银行将分别提供2 500亿元和1 300亿元等值人民币专项贷款"，"中国将同30多个国家签署经贸合作协议，同有关国家协商自由贸易协定。中国将从2018年起举办中国国际进口博览会"，"中国将在未来3年向参与'一带一路'建设的发展中国家和国际组织提供600亿元人民币援助，建设更多民生项目。我们将向'一带一路'沿线发展中国家提供20亿元人民币紧急粮食援助，向南南合作援助基金增资10亿美元"①。峰会结束时，中国发布了《"一带一路"国际合作高峰论坛圆桌峰会联合公报》，并发表"一带一路"国际合作高峰论坛成果清单。论坛围绕政策沟通、设施联通、贸易畅通、资金融通、民心相通，共达成5大类、76大项、270多项合作成果。②同中国签署"一带一路"相关协议的国家及国际组织总数达到68个，中国还将从2018年起举办中国国际进口博览会。同时，

---

① 习近平：《携手推进"一带一路"建设——在"一带一路"国际合作高峰论坛开幕式上的演讲》，新华网，http://news.xinhuanet.com/politics/2017-05/14/c_1120969677.htm.（上网时间：2017年5月14日）。

② 《"一带一路"高峰论坛达成270多项具体成果 涵盖5大类76大项》，人民网，http://bj.people.com.cn/n2/2017/0516/c233086-30186089.html.（上网时间：2017年5月16日）。

中国表示，"未来三年，中国将向参与'一带一路'建设的发展中国家和国际组织提供 600 亿元人民币援助，向南南合作援助基金增资 10 亿美元，向有关国际组织提供 10 亿美元"①。

在中国带头努力下，"一带一路"建设"3 年多来，已经有100 多个国家和国际组织积极响应支持，40 多个国家和国际组织同中国签署合作协议，'一带一路'的'朋友圈'正在不断扩大。中国企业对沿线国家投资达到 500 多亿美元，一系列重大项目落地开花，带动了各国经济发展，创造了大量就业机会。可以说，'一带一路'倡议来自中国，但成效惠及世界。"② 在当今"各家自扫门前雪"的保护主义风潮盛行之时，"一带一路"倡议得到各国的关注与好评。高峰论坛上，美国参会代表也认同"一带一路"给企业带来机会，并宣布美驻华大使馆和美企将组成"一带一路"工作组，为企业提供便利。③ 而此前，2016 年第71 届联合国大会更是通过决议，首次写入"一带一路"倡议。联合国秘书长古特雷斯表示，"'一带一路'倡议展示出中国为推动全球发展带来的新远见。"④

（五）上海合作组织从青岛"再出发"

2018 年 6 月 9～10 日，上海合作组织成员国元首理事会第十八次会议在青岛举行。这是上合组织扩员后召开的首次峰会。上

---

① 习近平：《携手推进"一带一路"建设——在"一带一路"国际合作高峰论坛开幕式上的演讲》，新华网，http://news. xinhuanet. com/politics/2017 - 05/14/c_1120969677. htm，（上网时间：2017 年 5 月 14 日）。

② 习近平：《共担时代责任　共促全球发展——在世界经济论坛 2017 年年会开幕式上的主旨演讲》，新华网，http://news. xinhuanet. com/2017 - 01/18/c_1120331545. htm，（上网时间：2017 年 1 月 17 日）。

③ 《美国成立一带一路工作组　与中国合作意愿上升》，新浪网，http://news. sina. com. cn/gov/2017 - 05 - 15/doc-ifyfeivp5737868. shtml，（上网时间：2017 年 5 月 15 日）。

④ 《"一带一路"倡议为国际社会应对全球性挑战提供新的机遇——访联合国秘书长古特雷斯》，新华网，http://news. xinhuanet. com/photo/2017 - 05/10/c_1120949728. htm，（上网时间：2017 年 5 月 10 日）。

合组织 8 个成员国、4 个观察员国的领导人、6 个对话伙伴国领导人齐聚青岛，就新的历史条件下，继续弘扬"上海精神"，凝聚团结互信、深化安全合作、加强发展战略对接、推动务实合作等议题展开讨论，会议发表了"青岛宣言"、《上海合作组织成员国元首关于贸易便利化的联合声明》《上海合作组织成员国元首致青年共同寄语》《上海合作组织成员国元首关于在上海合作组织地区共同应对流行病威胁的声明》等文件，为上合组织未来发展绘制了宏伟蓝图。从"上海精神"到"青岛宣言"，体现了上海合作组织的成长，也展现了中国外交在世界舞台上的全新姿态。上海合作组织是第一个在中国境内宣布成立、第一个以中国城市命名的国际组织。从"解决边界问题"到提出"中国方案"、贡献"中国智慧"，在中国的积极参与和推动下，一个拥有世界近一半人口、面积占欧亚大陆 3/5、世界 GDP 总量 1/5 的崭新上海合作组织正从青岛扬帆起航。

根据"上海精神"，成员国坚持在相互尊重和信任基础上建立睦邻友好关系，通过对话协商解决国家间矛盾和分歧；在平等互利基础上发展双边和多边经济合作，通过开放和互惠促进共同发展；坚持相互尊重独立、主权和领土完整、互不干涉内政、互不使用或威胁使用武力，大小国家一律平等，坚持协商一致；在国际事务中加强沟通协调；在合作过程中承认差异，寻求共赢。"上海精神"的提出和创造性实践，贯穿了上海合作组织发展的历程。推动上海合作组织，迅速成长为世界上幅员最广、人口最多、合作潜力巨大的综合性区域组织。上合组织成为世界各国团结应对挑战，构建新型国际关系的典范。

当今世界，国际关系民主化已成为不可阻挡的时代潮流，安全稳定是人心所向，合作共赢是大势所趋，不同文明交流互鉴是各国人民共同愿望。"青岛宣言"强调，要进一步弘扬"上海精神"，提倡创新、协调、绿色、开放、共享的发展观，践行共同、综合、合作、可持续的安全观，秉持开放、融通、互利、共赢的合作观，树立平等、互鉴、对话、包容的文明观，坚持共商共建共享的全球治理观，破解时代难题，化解风险挑战。

"上海精神"不仅是上海合作组织的核心理念，也是当代国际关系发展的宝贵财富，它顺应了和平、发展、合作、共赢的时代潮流，丰富了当代国际关系理论的内涵，体现了国际社会对国际关系民主化的普遍要求，为推动构建相互尊重、公平正义、合作共赢的新型国际关系和人类命运共同体提供了有益借鉴。

在青岛峰会上，习近平主席建议"共同拓展国际合作的伙伴网络"。今天的全球外交，已经是"网状外交"，不仅有各国中央政府之间的联系，国际组织、各国地方政府、民间团体之间的往来也已经十分普遍，共同构成了一个国际交流的网络。一个多层次的国际合作伙伴网络，既能推动国际合作的深入，也能在国际关系出现摩擦时成为减震器。"共同拓展国际合作的伙伴网络"，反映出上海合作组织在深度相互依存的世界，为维护世界和平稳定、促进各成员国发展进步方面发挥积极作用的良好愿望。为了进一步拓展地方间合作，习近平主席在青岛峰会上提出，"中国政府支持在青岛建设中国—上海合作组织地方经贸合作示范区，还将设立'中国—上海合作组织法律服务委员会'，为经贸合作提供法律支持。"这些举措无疑将进一步夯实国家间合作的基础，为推进上海合作组织框架内地方间友好合作注入新的动力，使成员国之间关系真正成为休戚与共的"命运共同体"。

上合组织青岛峰会是一次承前启后的会议。承前，就是继续推动安全、经济、人文三大传统领域的合作更加深入。启后，就是在全球自由贸易体系面临挑战的情况下，上合组织就如何加强内部团结互信，如何在全球治理体系中发挥更大、更积极的作用进行了探讨。成员国坚定遵循"上海精神"，在构建命运共同体道路上迈出日益坚实的步伐，树立了合作共赢的新型国际关系典范。① 从"探索新型国际关系"到"构建上海合作组织命运共同体"和"人类命运共同体"，一个充满生机和活力的上海合作组织正从青岛起航。从探索多边地区合作到积极引领全球治理，在世界舞台上，上海合作组织正在成为"中国方案""中国道路""中国智慧"的一张亮丽名片。

---

① 《团结协作　开放包容　建设安全稳定、发展繁荣的共同家园——习近平在上海合作组织成员国元首理事会第十七次会议上的讲话》，载于《人民日报》2017年6月10日。

参 考 文 献

1. ［德］贝姆特·科勒—科赫等著：《欧洲一体化与欧盟治理》，中国社会科学出版社 2004 年中文版。

2. ［美］亨利·基辛格：《重建的世界》，上海译文出版社 2015 年中文版。

3. ［美］亨利·基辛格：《论中国》，中信出版集团 2015 年中文版。

4. ［美］亨利·基辛格：《世界秩序》，中信出版集团 2015 年中文版。

5. ［塔］拉希德·阿利莫夫：《上海合作组织的创建、发展和前景》，人民出版社 2018 年版。

6. ［俄］米·列·季塔连科：《俄罗斯的亚洲战略》，中国社会科学出版社 2014 年中文版。

7. ［俄］米·列·季塔连科：《俄罗斯、中国与世界秩序》，人民出版社 2018 年中文版。

8. ［美］兹比格纽·布热津斯基著：《大棋局》，上海人民出版社 1998 年中文版。

9. ［美］约瑟夫·奈：《美国霸权的困惑》，世界知识出版社 2002 年中文版。

10. ［维］阿不都热合曼·卡德尔：《上海合作组织经济合作法律机制研究》，社会科学文献出版社 2013 年版。

11. 冯绍雷编：《上海合作组织发展报告》，上海人民出版社 2012 年版、2013 年版。

12. 国冬梅、王玉娟、张宁:《上海合作组织区域和国别环境保护研究（2016）》,社会科学文献出版社 2017 年版。

13. 姜大为、侯鹃:《十年风雨的上海合作组织》,河南人民出版社 2013 年版。

14. 李进峰等主编:《上海合作组织发展报告》,社会科学文献出版社 2012~2018 年版。

15. 李敏伦:《中国"新安全观"与上海合作组织研究》,人民出版社 2007 年版。

16. 李世安、刘丽云等:《欧洲一体化史》,河北人民出版社 2003 年版。

17. 连雪君:《"一带一路"背景下上海合作组织经济合作制度研究:基于组织社会学新制度主义视角的考察》,上海大学出版社 2017 年版。

18. 梁超主编:《中亚博弈新视角》,社会科学文献出版社 2011 年版。

19. 潘光主编:《稳步前进的上海合作组织》,时事出版社 2014 年版。

20. 钱利华主编:《上海合作组织防务安全合作研究》,军事科学出版社 2013 年版。

21. 秦放鸣:《中国与中亚国家区域经济合作研究》,科学出版社 2010 年版。

22. 曲星:《中国外交 50 年》,江苏人民出版社 2000 年版。

23. 孙壮志:《中亚新格局与地区安全》,中国社会科学出版社 2001 年版。

24. 外交部亚洲司编:《上海合作组织文献汇编:顺应时代潮流弘扬"上海精神"》,世界知识出版社 2015 年版。

25. 王海运:《上海合作组织与中国》,上海大学出版社 2015 年版。

26. 吴恩远、吴宏伟:《上海合作组织发展报告（2011）》,

社会科学文献出版社 2011 年版。

27. 吴宏伟主编：《中亚地区发展与国际合作机制》，社会科学文献出版社 2011 年版。

28. 邢广程等：《上海合作组织研究》，长春出版社 2007 年版。

29. 须同凯：《上海合作组织区域经济合作》，人民出版社 2010 年版。

30. 许涛、季志业主编：《上海合作组织》，时事出版社 2002 年版。

31. 叶宗奎、王杏芳：《国际组织概论》，中国人民大学出版社 2001 年版。

32. 余建华等：《上海合作组织非传统安全研究》，上海社会科学院出版社 2009 年版。

33. 杨恕著：《转型的中亚和中国》，北京大学出版社 2005 年版。

34. 赵华胜：《上海合作组织：评析和展望》，时事出版社 2012 年版。

35. 朱新光：《上海合作组织视角下的中亚地区治理理论与实践》，黑龙江人民出版社 2009 年版。

36. 朱新光：《上海合作组织视角下的中亚地区治理理论与实践》，黑龙江人民出版社 2009 年版。

37. 张耀：《中国能源安全与上海合作组织能源合作》，上海辞书出版社 2015 年版。

38. ［俄］A. 阿姆列巴耶夫，张严峻、万青松、李安华译：《上海合作组织与丝绸之路经济带建设前景》，载于《俄罗斯研究》2015 年第 6 期。

39. ［俄］A. 克里缅科，杨俊东译：《阿富汗局势与俄中安全领域合作》，载于《东北亚学刊》2014 年第 5 期。

40. ［俄］E. M. 库兹米娜，农雪梅译：《上海合作组织作为欧亚经济联盟与"丝绸之路经济带"对接平台的可能性》，载于《欧亚经济》2016 年第 5 期。

41. 陈小鼎、王亚琪：《东盟扩员对上海合作组织的启示与借鉴——兼论上海合作组织扩员的前景》，载于《当代亚太》2013 年第 2 期。

42. 丁佩华：《论上海合作组织的区域安全作用》，载于《社会科学》2006 年第 10 期。

43. 关孔文、房乐宪：《北约战略转型对上海合作组织的启示》，载于《当代世界与社会主义》2016 年第 4 期。

44. 郭晓琼：《上海合作组织金融合作及中国的利益诉求》，载于《俄罗斯东欧中亚研究》2015 年第 2 期。

45. 郭亚楠：《亚洲安全的维护者——上海合作组织》，载于《学理论》2014 年第 19 期。

46. 何杰：《中国与阿富汗经贸合作的现状、问题与对策》，载于《国际研究参考》2017 年第 5 期。

47. 胡仕胜：《美国中亚战略面面观》，载于《当代世界》2005 年第 10 期。

48. 姜睿：《上海合作组织的金融合作（2014～2015）：进展、问题与路径设想》，载于《俄罗斯东欧中亚研究》2016 年第 3 期。

49. 李超、杨恕：《缘何蒙古国仍未正式加入上海合作组织?》，载于《国际展望》2015 年第 1 期。

50. 李进峰：《上海合作组织扩员：挑战与机遇》，载于《俄罗斯东欧中亚研究》2015 年第 6 期。

51. 李进峰：《上合组织扩员与东盟扩员比较借鉴》，载于《俄罗斯学刊》2016 年第 3 期。

52. 李新：《上海合作组织：共建丝绸之路经济带的重要平台》，载于《俄罗斯学刊》2016 年第 2 期。

53. 凌胜利：《地缘关系变动与上海合作组织的发展》，载于

《战略决策研究》2015 年第 2 期。

54. 刘古昌：《"上海精神"是新时期的普世价值》，载于《公共外交季刊》2011 年秋季号。

55. 刘华芹：《深化上海合作组织区域经济合作的构想》，载于《俄罗斯东欧中亚研究》2014 年第 1 期。

56. 柳丰华：《俄罗斯在中亚：政策的演变》，载于《国际政治研究》2007 年第 2 期。

57. 陆南泉：《对当今推进中俄经贸合作战略意义的分析》，载于《俄罗斯学刊》2012 年第 4 期。

58. 马荣久：《论中国在"上海合作组织"中的国家角色》，载于《当代世界社会主义问题》2016 年第 3 期。

59. 潘光、张屹峰：《"大中亚计划"：美国摆脱全球困境的重要战略步骤》，载于《外交评论》2008 年第 2 期。

60. 潘光：《当前中亚经济安全形势及其对上海合作组织的影响》，载于《国际问题研究》2011 年第 6 期。

61. 蒲小娟：《关于上海合作组织的扩员机制探析》，载于《兰州石化职业技术学院学报》2011 年第 2 期。

62. 孙超：《"一带一盟"对接与上海合作组织发展前景》，载于《欧亚经济》2016 年第 5 期。

63. 孙壮志：《浅析 21 世纪中亚地区的安全格局》，载于《东欧中亚研究》2002 年第 3 期。

64. 王宪举：《从乌法峰会看上海合作组织发展战略》，载于《俄罗斯学刊》2015 年第 6 期。

65. 王晓泉：《上合组织在"一带一盟"对接合作中的平台作用》，载于《欧亚经济》2016 年第 5 期。

66. 吴绩新：《从安全合作到能源合作：上海合作组织亟需持续发展动力》，载于《国际展望》2007 年第 18 期。

67. 吴志成、朱旭：《欧盟对欧洲主权债务危机的救助》，载于《南京大学学报》（哲学·人文科学·社会科学版）2013 年第 2 期。

68. 徐鹤鸣：《透视美国的大中亚计划》，载于《国际问题研究》2007 年第 1 期。

69. 许涛：《撤军后的阿富汗：中亚的机遇还是梦魇?》，载于《新疆师范大学学报》（哲学与社会科学版）2014 年第 3 期。

70. 许涛：《上海合作组织地区安全合作进程与前景分析》，载于《国际观察》2006 年第 2 期。

71. 张恒龙：《组建上合组织自贸区，推进"一带一盟"对接》，载于《欧亚经济》2016 年第 5 期。

72. 张宁：《上合组织自贸区是"丝绸之路经济带"与"大欧亚伙伴关系"的新平台》，载于《欧亚经济》2016 年第 5 期。

73. 张文伟：《上海合作组织信息安全合作：必要性、现状及前景》，载于《俄罗斯东欧中亚研究》2016 年第 3 期。

74. 赵华胜：《阿富汗：失去的机会和前景》，载于《国际观察》2010 年第 6 期。

75. 赵华胜：《后阿富汗时代的美国中亚外交展望》2014 年第 2 期。

76. 赵华胜：《上海合作组织与阿富汗问题》，载于《国际问题研究》2009 年第 4 期。

77. 赵会荣：《中亚国家的对外政策评析》，载于《中亚研究》2014 年第 1 辑。

78. 郑蓉：《论上海合作组织框架中的安全合作》，载于《新西部》（下旬·理论版）2012 年第 22 期。

79. 赵干城：《阿富汗问题与亚洲的安全治理》，载于《南亚研究》2015 年第 1 期。

80. 郑羽：《俄罗斯的独联体政策：十年间的演变》，载于《东欧中亚研究》2001 年第 4 期。

81. 周杰：《上海合作组织内部矛盾探析》，载于《前沿》2014 年 9 月。

82. 曾向红、李廷康：《上海合作组织扩员的学理与政治分析》，载于《当代亚太》2014 年第 3 期。

83. 《中国对上海合作组织作出巨大贡献——访上海合作组织秘书长阿利莫夫》，载于《人民日报》2017 年 6 月 9 日。

84. Alexander Sergunin, Explaining Russian Foreign Policy Behavior, ibidem, – Verlag, Stuttgart, 2016.

85. Bobo Lo, Axis of Convenience: Moscow, Beijing, and the New Geopolitics, Washington D. C. : Brookings Institution Press, 2008.

86. Donald S. Zagoria, "Joining ASEAN", in James W. Morley and Masashi Nishihara, eds. , Vietnam Joins the World, M. E. Sharpe, Inc. , 1997.

87. David Shambaugh, China Goes Global: The Partial Power, Oxford University Press, 2013.

88. Helene Sjursen, ed. , Questioning EU Enlargement: Europe in Search of Identity, London: Routledge Press, 2006.

89. Michael Fredholm, The Shanghai Cooperation Organization and Eurasian geopolitics: new directions, perspectives, and challenges, Copenhagen: NIAS, 2013.

90. Nick Megoran and Sevara Sharapova. ed, Central Asia in International Relations: The Legacies of Halford Mackinder, London: Husts & Company, 2013.

91. Pearl Imada and Seiji Naya, eds. , AFTA: The Way Ahead, Singapore: Institute of Southeast Asian Studies, 1992.

92. Roy, Meena Singh, The Shanghai Cooperation Organisation: India Seeking New Role in the Eurasian Regional Mechanism/ Meena Singh Roy, New Delhi: Institute for Defence Studies and Analyses, 2014.

93. Abdul Majid, Shanghai Cooperation Organization: Expanding Horizons of Regional Cooperation, *Pakistan Vision*, 06/2016,

Volume 17, Issue 1.

94. Akbarzadeh Shahram, Iran and the Shanghai Cooperation Organization: Ideology and Realpolitik in Iranian Foreign Policy, *Australian Journal of International Affairs*, 01/2015, Volume 69, Issue 1.

95. Alexei Malashenko, "Central Asian Mosaics of Russian Policy", *Nevasimaya Gazeta – Dipkuriei*, No. 4, March, 2007.

96. Aliya Sartbayeva Peleo, "Kazakhstani" Identity, Eurasian Regionalism and Shanghai Cooperation Organization: Biopolitics of Forced Migration, Modernity and Multilateralism, *Contemporary Chinese Political Economy and Strategic Relations*, 08/2015, Volume 1, Issue 2.

97. Anthony V. Rinna, The Shanghai Cooperation Organization and Mongolia's Quest for Security, *Indian Journal of Asian Affairs*, 01/2014, Volume 27/28, Issue 1/2. pp. 63 – 80.

98. Aris Stephen, Snetkov Aglaya, "Global Alternatives, Regional Stability and Common Causes": the International Politics of the Shanghai Cooperation Organization and Its Relationship to the West, *Eurasian Geography and Economics*, 04/2013, Volume 54, Issue 2.

99. Bobo Lo, *Frontiers New and Old: Russia's Policy in Central Asia*, IFRI Russia/NIS Center, January 2015.

100. Charles E. Ziegler, Central Asia, the Shanghai Cooperation Organization, and American Foreign Policy: From Indifference to Engagement, *Asian Survey*, 06/2013, Volume 53, Issue 3.

101. D. Litskay, Shanghai Cooperation Organization Looking Toward Enlargement, *International Affairs*, 05/2015, Volume 61, Issue 3.

102. Dadabaev Timur, Shanghai Cooperation Organization (SCO) Regional Identity Formation from the Perspective of the Central Asia States, *Journal of Contemporary China*, 01/2014, Volume 23, Is-

sue 85.

103. De Haas Marcel, Relations of Central Asia with the Shanghai Cooperation Organization and the Collective Security Treaty Organization, *The Journal of Slavic Military Studies*, 01/2017, Volume 30, Issue 1.

104. De Haas Marcel, War Games of the Shanghai Cooperation Organization and the Collective Security Treaty Organization: Drills on the Move, *The Journal of Slavic Military Studies*, 07/2016, Volume 29, Issue 3.

105. Divsalar Majid, Veshki Ebrahim Javadi, Regional Security Arrangements and Foreign Policy of the Islamic Republic of Iran Case Study: Shanghai Cooperation Organization, *Journal of Politics and Law*, 07/2016, Volume 9, Issue 6.

106. Galiia A. Movkebaeva, Energy Cooperation Among Kazakhstan, Russia, and China Within the Shanghai Cooperation Organization, *Russian Politics and Law*, 01/2013, Volume 51, Issue 1.

107. Gatev Ivaylo, Diesen Glenn, Eurasian Encounters: the Eurasian Economic Union and the Shanghai Cooperation Organization, *European Politics and Society*, 06/2016, Volume 17, Issue sup1.

108. Giovanni Capoccia and R. Daniel Kelemen, "The Study of Critical Junctures: Theory, Narrative, and Counterfactuals in Historical Institutionalism", *World Politics*, Vol. 59, No. 3, 2007.

109. Graham E. Fuller, "The Emergence of Central Asia", *Foreign Policy*, No. 78 (Spring, 1990), pp. 50 – 52.

110. Isabelle Facon, Moscow's Global Foreign and Security Strategy: Does the Shanghai Cooperation Organization Meet Russian Interests? *Asian Survey*, 05/2013, Volume 53, Issue 3.

111. Jean – Pierre Cabestan, The Shanghai Cooperation Organization, Central Asia, and the Great Powers, an Introduction: One

Bed, Different Dreams? *Asian Survey*, 06/2013, Volume 53, Issue 3.

112. Joseph YS Cheng, The Afghanistan Situation and China's New Approach to the SCO, *Asian Survey*, 03/2015, Volume 55, Issue 2.

113. Kuralai I. Baizakova, The Shanghai Cooperation Organization's Role in Countering Threats and Challenges to Central Asian Regional Security, *Russian Politics and Law*, 01/2013, Volume 51, Issue 1.

114. Michael N. Barnett and Martha Finnemore, "The Politics, Power, and Pathologies of International Organizations", *International Organization*, Vol. 53, No. 4, 1999.

115. Muhammad Ihsan Qadir, Saifur Rehman, Expansion of Shanghai Cooperation Organization (SCO) Harbinger of Regional Peace and Prosperity, *Journal of Political Studies*, 07/2016, Volume 23, Issue 1.

116. Olga Borisenko, Philosophical and Comparative Analysis of Scientific Thought in China to Study the Activity of the SCO, *International Journal of Economics and Financial Issues*, 01/2016, Volume 6, Issue 1S.

117. Peter Schmitt – Egner, "The Concept of 'Region': Theoretical and Methodological Notes on its Reconstruction", *Journal of European Integration*, Vol. 24, No. 3, 2002.

118. Robert Sutter, "Durability in China's Strategy towards Central Asia – Reasons for Optimism", *China and Eurasian Forum Quarterly*, Volume 6, No. 1, 2008.

119. S. Y. Surendra Kumar, India and the Shanghai Cooperation Organization: Issues and Concerns, *International Journal of China Studies*, 12/2013, Volume 4, Issue 3.

120. Salter M., Yin Y., Analysing Regionalism within International Law and Relations: The Shanghai Cooperation Organisation as a

Grossraum? *Chinese Journal of International Law*, 12/2014, Volume 13, Issue 4.

121. Sartaj, Manzoor Khan Afridi, Withdrawal of NATO and US Forces and the Role of Shanghai Cooperation Organization in Afghanistan, *FWU Journal of Social Sciences*, 07/2015, Volume 1, Issue 1.

122. Shee Poon – Kim, "A Decade of ASEAN, 1967 – 1977", *Asian Survey*, Vol. 17, No. 8, 1977.

123. Song Weiqing, Feeling safe, being strong: China's strategy of soft balancing through the Shanghai Cooperation Organization, *International Politics*, 09/2013, Volume 50, Issue 5.

124. Stephen Blank, Making Sense of the Shanghai Cooperation Organization, *Georgetown Journal of International Affairs*, 07/2013, Volume 14, Issue 2.

125. Syed Farooq Hasnat, Zamurrad Awan, Shanghai Cooperation Organization as a Platform for Regional Understanding: Its Economic, Political and Security Potential, *Perceptions*, 04/2016, Volume 21, Issue 1.

126. V. Vorobyov, The Shanghai Cooperation Organization: Elaboration of Strategy, *International Affairs*, 09/2013, Volume 59, Issue 5.

127. V. Zakharov, Some Political Challenges for Russia's SCO Chairman, *International Affairs*, 11/2014, Volume 60, Issue 6.

128. Vasilii M. Kuznetcov, Ekaterina V. Kuznetsova, The Shanghai Cooperation Organization versus the North Atlantic Treaty Organization: Security Dilemma of Growing Powers, *Journal of Advanced Research in Law and Economics*, 04/2016, Volume 7, Issue 2 (16).

129. Alexander Cooley, Sam Greene, The Rise of the SCO as a New Regional Organization: Western Perspectives, http://carne-

gie. ru/events/? fa = 3225 : 2015.

130. А. В. Лукин. Россия и Китай-Четыре века взаимодействия. Москва: Весь Мир, 2013г.

131. А. А. Никулина, Е. А. Шаровой, Инновационное Сотрудничесво на Пространстве ШОС: Сборник Докладов, Москва: РИСИ, 2015г.

132. В. А. Матвеев, Стратегия Развития ШОС и Политика России в Этой Организации, Москва: ИДВ РАН, 2012г.

133. В. И. Василенко, В. В. Василенко, А. Г. Потеенко, Шанхайская Огранизация Сотрудничества в Региональной Системе Безопасности, Москва: Проспект 2014г.

134. Васильев Леонид Евгеньевич, Борьба с Терроризмом на Пространстве ШОС, Москва: Институт Дальнего Востока РАН, 2017г.

135. Е. А. Козловский, М. А. Комаров, Р. Н. Макрушин, Минерально-сыръёвые Ресурсы государств ШОС и БРИКС в Перспективах Мировой Экономики, Москва: Дашков и К, 2015г.

136. М. Р. Аруновна, ШОС и Афганская Проброма, Москва: Институт Востоковедения РАН: Институт Ближнего Востока, 2012г.

137. МИД РФ: ШОС озабочен возможным выплеском нестабильности изКирилл Барский: Шанхайская организация сотрудничества: накануне саммита в Бишкеке: основные задачи момента, Международная жизнь, Май 2013г.

138. Перская В. В, Эскиндаров М. А, Точки Сопряжения Экономических Стратегий Развития Государств-чденов АТЭС и ШОС при переходе к многополярности, Москва: Экономика, 2013г.

139. Худоберди Холикназар, Деятельность Республики Таджикистан в процессе становления и развития ШОС, Душанбе: Ирфон 2014г.

140. Худоберди Холикназар, Таджикистан-ШОС: Стабильность и процветание, Душанбе: Центр стратегических исследований при Президенте Республики Таджкистан, 2014г.

141. А. Лукин, Консолидация Незападного Мир на Фоне Украинского Кризиса: Россия и Китай, ШОС и БРИКС, Международная Жизнь, Февраль 2015г.

142. В. Петровский, Расширение ШОС и Регионалтные Аспекты Ядерного Нераспространения, Международная Жизнь, Июль 2016г.

143. Виталий Воробъёв, ШОС и Третья Фаза Китая, Россия в Глобальной Политике, номер. 1. Январь-Февраль 2016г.

144. Д. Лицкай, Шанхайская Организация Сотрудничества на Пороге Расширения, Международная Жизнь, Апрель 2015г.

145. Ли Син, Стратегия Китая и России в Шанхайской Организации Сотрудничества: Сравнительный Анализ, Сравнительная Политика, Том. 8, Номер. 2, 2017г.

146. М. Титаренко, В. Петровский, Россия, Китай и Новый Мировой Порядок, Международная Жизнь, Март 2015г.

147. Михаил Конаровский, ШОС как Отражение Новой Геополитики, Россия в Глобальной Политике, Май-Июнь спецвыпуск 2015г.

148. Нурлан Канатович Абдуов, Инициативы Казахстана по Развитию ШОС, Власть, Номер. 1, 2013г.

149. Путин В. В. Новый интеграционный проект для Евразии-будущее которое рождается сегодня. Известия 02 октября 2011г.

150. Т. Л. Шаумян, Индия, ШОС, и БРИКС в Современной Геополитике, Сравнительная Политика, Том. 4, Номер 3 (13), 2013г.

151. Ю. Райков, Восточная Азия и Новый Мировой порядок, Международная Жизнь, Декабрь 2015г.

152. А. В. Лукин: Шанхайская организация сотрудничества: в поисках новой роли. http: //www. globalaffairs. ru/valday/Shankh aiskaya-organizatciya-sotrudnichestva-v-poiskakh-novoi-roli – 17573.

153. Виталий Воробьев: ШОС и третья фаза Китая. http://www. globalaffairs. ru/number/ShOS-i-tretya-faza – Kitaya – 17940.

154. Махди Санаи, Елена Черненко: «Увязывать вопрос членства Ирана в ШОС со снятием санкций несправедливо». http: //www. globalaffairs. ru/diplomacy/Uvyazyvat-vopros-chlenstva-Irana-v – ShOS – so-snyatiem-sanktcii-nespravedlivo – 17486.

155. Россия в Глобальной Политике М. А. Конаровский: ШОС: домашняя работа. http: //www. globalaffairs. ru/global-processes/ShOS – domashnyaya-rabota – 17413.

后记

　　本书设计源自国家社科课题项目，是集体合作的成果。高飞负责本书的构架、第二章中俄双引擎的优势与问题、第四章中国发挥负责任和引领作用、结语从参与多边合作到引领全球治理；张建负责第一章上海合作组织的发展历程、第五章上海合作组织机制建设的前景、第七章上海合作组织探索未来发展之路；肖玙负责第三章大国平衡与中亚国家的选择；于游负责第六章上海合作组织扩员带来的机遇和挑战。

　　上海合作组织正在经历从发展到成熟时期，从内部机制建设到外部挑战，可兹研究者浩繁。从调研写作到最终付梓历经 5 年时间，尽管我们做了大量的工作，然而疏漏之处在所难免，敬请读者批评指正。